焦虑心理学

好好的生活 别让焦虑给毁了

何成浩◎著

北京时代华文书局

图书在版编目（CIP）数据

焦虑心理学 / 何成洁著. -- 北京 : 北京时代华文书局, 2018.12

ISBN 978-7-5699-2798-6

Ⅰ. ①焦… Ⅱ. ①何… Ⅲ. ①焦虑－通俗读物 Ⅳ. ①B842.6-49

中国版本图书馆 CIP 数据核字 (2018) 第 267157 号

焦虑心理学

JIAOLÜ XINLIXUE

作　　者 | 何成洁

出 版 人 | 王训海
选题策划 | 郄亚威
责任编辑 | 周连杰
封面设计 | 吕宜昌
责任印制 | 刘　银

出版发行 | 北京时代华文书局 http://www.bjsdsj.com.cn
北京市东城区安定门外大街 136 号皇城国际大厦 A 座 8 楼
邮编：100011　电话：010－64267955　64267677
印　　刷 | 北京兰星球彩色印刷有限公司　电话：0316-5925887
（如发现印装质量问题，请与印刷厂联系调换）
开　　本 | 710mm×1000mm　1/16　印　　张 | 16　字　　数 | 200 千字
版　　次 | 2018 年 12 月第 1 版　印　　次 | 2018 年 12 月第 1 次印刷
书　　号 | ISBN 978-7-5699-2798-6
定　　价 | 32.00 元

目　录

Contents

PART 01

人人都有焦虑感

不被焦虑影响，才能成为真正的自己

焦虑是一种常见的情绪，每个人都会经历。在某些情况下，如果焦虑过度达到了医学标准上的焦虑症，就会给我们的生活还有工作带来困扰。焦虑症其实是非常常见的。从性别上看来，女性的患病率要远远高于男性，大概是男性的 9 倍。因此，焦虑是非常值得我们重视的一种情绪。

明明生活越来越好，可是你却越来越焦虑？明明应该享受人生，可你的心理压力却与日俱增？你有没有发现自己变得不开心了？

这一切背后的原因，可能是有人正在利用人类心理的弱点对你贩卖焦虑。

（1）焦虑是如何被“贩卖”的

目前来说，生活上贩卖的焦虑主要有以下几种：

1）贩卖成功

人都是有比较心理的，这背后是人类对资源占有的本能。贩卖成功就是通过刻意地夸大某些人的成功，再将他们与你进行对比，让你产生一种挫败感，进而感到焦虑。

比如摩拜创始人 15 亿套现事件，让无数人又焦虑了一把。

2）贩卖心理需求

当今社会，由于物质条件好了，从而开始关注心理健康问题了。不关注不要紧，一关注吓一跳，原来我有这么多心理问题。

缺爱，自卑，社交障碍，内向等等，通过夸大这些问题的危害，来创造出了一个人内心的焦虑和恐慌，而在这种情绪下，这个人就更容易被骗了。

3）贩卖恐惧和绝望

通过大量的负面信息，刻意展现社会和人性的阴暗面，从而制造出一种绝望的气息，让你感觉到恐惧和焦虑。

而根据心理学家霍夫兰的理论，人们天生就有一种“恐惧诉求”，利用恐惧可以更好地传播信息和说服某人。

（2）贩卖焦虑的目的

为什么别人要贩卖焦虑呢？当然这背后有他们的目的。从心理学角度上说，焦虑是人类的一种基本情绪，具有持久性和不可自然消除的特点。

当一个人感到焦虑时，他就会难受，会试图寻找各种方法来缓解焦虑。而且此时由于情绪在线，智商往往是下线的，因此特别容易被骗。

渴望成功，对自身不满的，各种学习教程是不是要来一套？心理有问题的，心理咨询要不要了解一下？

（3）如何克服焦虑

如何克服焦虑呢？

首先评估威胁与自身的相关性，看看那些让你感到焦虑的威胁和你究竟有多大关系，你有多少可能会被影响？

其次，创造属于自己人生的定义，你需要自己定义什么是成功，什么是快乐，什么是自我。而不是一味地接受别人给你灌输的理念。

最后，你要明白，运气对一个人的影响往往比能力要大得多，你焦虑心理的来源可能只是因为运气不好，我们无法掌控，所以就让他去吧。

不要被他人贩卖的“焦虑”所影响了，保持自己心理的独立，才能成为真正的自己。

世间最珍贵的，是现在能把握的幸福

在很多情况下，你努力了，但并没有收到预想的效果，是不是会为那些你曾经得不到的事物遗憾、懊恼、惆怅？其实，得与失是很现实的结果，但这个结果，何必因为这样的纠结而阻碍自己前进的脚步呢？

然而，人们往往容易为那些得不到的事物遗憾感伤，认为得不到的都是最好的，而对于自己已经得到的，却不知珍惜。就如在笼中的老虎，得不到自由，它向往着在野地里的老虎可以自由自在。在野地里的老虎，羡慕三餐无忧。这两只老虎，都认为得不到的东西就是好的。

然而，把笼中的老虎放到野地里，也把野地里的老虎放到笼中。它们都会死。因为，习惯了的生活，就很难再改。后悔也来不及！所以，无论东西也好，人也罢，喜欢却不能拥有，与其让自己负累，倒不如放轻松地面对，努力了，尝试了，也不能挽回他擦肩而过的远去的脚步，那就试着用平静的心微笑地目送他远离，无需为错过的、未曾得到的扼腕叹息，流连其中，因为手中总有值得我们呵护珍惜的，远方总有值得我们追求的！

从前，有一座圆音寺，每天都有许多人上香，香火很旺。在圆音寺庙前的横梁上有个蜘蛛结了张网，由于每天都受到香火和虔诚的祭拜的熏陶，蛛蛛便有了灵性。经过了一千多年的修炼，蛛蛛灵性增加了不少。

忽然有一天，主家光临了圆音寺，看见这里香火甚旺，十分高兴。离开寺庙的时候，不经意间抬头看见了横梁上的蜘蛛。主家停下来，问这只蜘蛛："你我相见总算是有缘，我来问你个问题，看你修炼了这一千多年来，有什么真知灼见。怎么样？"蜘蛛遇见主家很是高兴，连忙答应了。主家问到："世间什么才是最珍贵的？"蜘蛛想了想，回答到："世间最珍贵的是'得不到'和'已失去'。"主家点了点头，离开了。

就这样又过了一千年的光景，蜘蛛依旧在圆音寺的横梁上修炼，它的佛性大增。一日，主家又来到寺前，对蜘蛛说道："你可还好，一千年前的那个问题，你可有什么更深的认识吗？"蜘蛛说："我觉得世间最珍贵的是'得不到'和'已失去'。"主家说："你再好好想想，我会再来找你的。"

又过了一千年，有一天，刮起了大风，风将一滴甘露吹到了蜘蛛网上。蜘蛛望着甘露，见它晶莹透亮，很漂亮，顿生喜爱之意。蜘蛛每天看着甘露很开心，它觉得这是三千年来最开心的几天。突然，又刮起了一阵大风，将甘露吹走了。蜘蛛一下子觉得失去了什么，感到很寂寞和难过。这时主家又来了，问蜘蛛："这一千年，你可好好想过这个问题：世间什么才是最珍贵的？"蜘蛛想到了甘露，对主家说："世间最珍贵的是'得不到'和'已失去'。"主家说："好，既然你有这样的认识，我让你到人间走一遭吧。"

就这样，蜘蛛投胎到了一个官宦家庭，成了一个富家小姐，父母为她取了个名字叫蛛儿。一晃，蛛儿到了十六岁了，已经成了个婀娜多姿的少女，长得十分漂亮，楚楚动人。

这一日，皇帝决定在后花园为新科状元郎甘鹿举行庆功宴席。来了许多妙龄少女，包括蛛儿，还有皇帝的小公主长风公主。状元郎在席间表演诗词歌赋，大献才艺，在场的少女无一不被他折服。但蛛儿一点也不紧张和吃醋，因为她知道，这是主家赐予她的姻缘。

过了些日子，说来很巧，蛛儿陪同母亲上香的时候，正好甘鹿也陪同母亲而来。上完香拜过佛，二位长者在一边说上了话。蛛儿和甘鹿便来到走廊上聊天，蛛儿很开心，终于可以和喜欢的人在一起了，但是甘鹿并没有表现出对她的喜爱。蛛儿对甘鹿说："你难道不曾记得十六年前，圆音寺的蜘蛛网上的事情了吗？"甘鹿很诧异，说："蛛儿姑娘，你漂亮，也很讨人喜欢，但你想象力未免太丰富了一点吧。"说罢，和母亲离开了。

蛛儿回到家，心想，主家既然安排了这场姻缘，为何不让他记得那件事，甘鹿为何对我没有一点的感觉？几天后，皇帝下诏，命新科状元甘鹿和长风公主完婚；蛛儿和太子芝草完婚。这一消息对蛛儿如同晴天霹雳，她怎么也想不通，主家竟然这样对她。几日来，她不吃不喝，穷究急思，灵魂就将出壳，生命危在旦夕。太子芝草知道了，急忙赶来，扑倒在床边，对奄奄一息的蛛儿说道："那日，在后花园众姑娘中，我对你一见钟情，我苦求父皇，他才答应。如果你死了，那么我也就不活了。"说着就拿起了宝剑准备自刎。

就在这时，主家来了，他对快要出壳的蛛儿灵魂说："蜘蛛，你可曾想过，甘露（甘鹿）是由谁带到你这里来的呢？是风（长风公主）带来的，最后也是风将它带走的。甘鹿是属于长风公主的，他对你不过是生命中的一段插曲。而太子芝草是当年圆音寺门前的一棵小草，他看了你三千年，爱慕了你三千年，但你却从没有低下头看过它。蜘蛛，我再来问你，世间什么才是最珍贵的？”蜘蛛听了这些真相之后，好像一下子大彻大悟了，她对主家说：“世间最珍贵的不是‘得不到’和‘已失去’，而是现在能把握的幸福。”刚说完，主家就离开了，蛛儿的灵魂也回位了，睁开眼睛，看到正要自刎的太子芝草，她马上打落宝剑，和太子深深地抱着……

故事结束了，你能领会蛛儿最后一刻所说的话吗？“世间最珍贵的不是‘得不到’和‘已失去’，而是现在能把握的幸福。”是啊，最好的事物是握在你手中的现在，那些得不到的过往就让它们随风而逝吧。如果我们一味地沉浸在得不到的遗憾中，那么我们就会继续错失今昔的美好，就会有可能使今日本应得到的幸福再次沉沦为得不到的遗憾。

人生在世，有许多东西是需要不断放弃的。懂得放弃才有快乐，背着包袱走路总是很辛苦。能够放弃是一种超越，也许有时我们只看到放弃时的痛苦，而忘记了那些如果我们不放弃就会得到更大的痛苦。放弃是一种境界，大弃大得，小弃小得。因为爱我们竭尽全力，因为爱，我们洒脱放弃。某种程度上，洒脱放弃也是一种热爱。人生需要选择，生命需要蜕变，每当面临困难和挫折，面临选择和放弃，我们都要有足够的勇气，改变自己，只有这样才能获得新生，才能创造另一个辉煌！

放下焦虑，它是很重但又无价值的东西

焦虑是什么？焦虑就像烟头烫伤破气球一样，让别人和自己都泄气。如果把人生比作行走的路，那么焦虑相当于赤脚在石子上走路，而乐观是一双结结实实的靴子。焦虑的人以为自己经历了世上最大的困难，却不知道听他抱怨的人也经历过这些。

宽容地说，焦虑为人之常情。“居长安，大不易”，难道不允许别人说一说苦闷吗？然而，焦虑不可取，就在于：你焦虑，等于往自己的鞋子里倒水，使行路更艰难。苦难是一回事，焦虑是另一回事。焦虑的人认为自己是强者，只是社会太不公平，这就如同说全世界的人都合伙破坏他的成功。

焦虑不同于坦然承认自己的失败。敢于承认失败的人，会赢得别人的尊重。而焦虑，是明明失败却把伤口装扮成花朵一般的庸人。人们本来容易同情弱者，由于焦虑的人气急败坏，反而会得不到别人的同情。

焦虑的人在抱怨后，心情会变得更糟，怀里的石头不但没减少，反而增多了。常言道，放下就是快乐，包括放下焦虑，因为它是心里很重但又无价值的东西。

人们往往倾心于那些乐观的人，实际上是倾心于他们表现出来的超然。生活需要的信心、勇气和信仰，乐观的人都具备。他们在自己获益的同时，又感染着别人。乐观包括豁达、坚韧，让人觉得困难从来都不是生活的障碍，而是勇气的陪衬。和乐观的人在一起，自己也会得到乐观。

有一位美丽的妇人，带着她半生的积蓄，来到了一座大城市，准备在那儿开一家美容院，平平安安地过一生，谁料到，当她准备下火车的时候，钱却被小偷偷走了！她站在那里一下子就呆了！可过了一会儿，她又想到：只不过是丢了钱而已，我并没有丢失我所有的一切啊！我还有朋友，还有家人，焦虑只会让自己的面容更加苍老而已！

后来，那位美丽的妇人终于借钱开了一家美容院，而且生意越来越火。因为人们相信，有这么美丽容颜的女人，她的技术肯定一流。最后，那个女人成了百万富翁。

瞧！多么豁达、聪明的女人！她懂得焦虑是于事无补的。其实，在你的生活中，只要像那位妇人一样，你就成功了，因为你没有失去全部。想一想，这世界上还有那么多比我们更加困难、更加可怜的人们，他们不是照样活得好好的？所以，我们的思想要乐观，要乐观地去面对每一天，你真的就成功了！

许多人都抱怨过处境的艰难，发现无济于事之后便缄口了。焦虑相当于赤脚在石子上走路，而乐观是一双结结实实的靴子。

焦虑并不会解决问题，只会让你处于尴尬的位置，心平气和地去观察问题并加以解决，问题的结果会比焦虑更好。

尼克松在担任美国总统之后，基辛格曾抱怨不公平，并讥讽尼克松“根本没能力治理好美国”。但是，他的这些行为并没有影响到尼克松总统对他的重用，尼克松仍聘任他担任国家的安全助理。对于尼克松的这种低调处事姿态，基辛格深为感动，并决定倾其全力帮助尼克松总统。后来，基辛格以其渊博的知识、独到的见解、过人的胆识纵横国际政坛，成为世界著名的外交家。而尼克松总统以其宽宏大量的胸襟，不仅成就了自己的伟大事业，也为世人留下了宽容的风范。

正如跳高、跳远，要退到后面很远的地方，起跳时才会有强的冲击力。生活也是如此，退后一步，就是为了更好地前进。忍一时的不冷静，对人对己都有好处。当不愉快的事情发生后，退一步想，就会海阔天空。在实际生活中，不管你多么有能耐，多么无情，总是有人比你更有能耐，更加无情。抱怨世界不公，拼个鱼死网破，倒不如后退几步，另求他路。

一天上午，一位美国人突然气势汹汹地闯进上海某饭店的经理室抱怨道:“你就是经理吗？我刚才在大门口滑倒摔伤了腰。地板这么滑，连个防滑措施都没有，太危险了。你马上领我到医务室去。”

见此情形，经理并没有因为这位不速之客的抱怨声而生气，反而很客气地说:“这实在抱歉得很，腰部不要紧吧？马上就领您到医务室，请您稍坐一下。”

美国人坐在椅子上，继续抱怨不停。饭店经理见对方已经镇定下来，便温和地说：“请您换上这双鞋，已和医务室联系好了，现在我就领您去。”

早在美国人闯进来时，经理已经看清他的腰部没有多大问题。所以，当美国人离开经理室后，经理就把换下的鞋悄悄交给一名服务员说：“这双鞋后跟已经磨薄了，在我们从医务室回来以前把它送到楼下修鞋处换上橡胶后跟。”

检查结果果如经理所料，未发现任何异常，那个美国人也完全冷静下来，随后一同回到经理室。经理说：“没什么异常比什么都好，这就放心了。请喝杯茶吧！”

这时美国人也感到自己方才太冒失了："地板太滑，太危险，我只是想让你们注意一下，别无他意。"

经理说："很冒昧，我们擅自修理了您的鞋，据鞋匠说，是后跟磨薄才导致打滑的。"

这位美国人接过刚刚修好的鞋，看到正合适的橡胶鞋跟时，对高超的技巧大为惊讶，便高兴地说道："经理，实在谢谢您的厚意，对您给予的关怀照顾我是不会忘记的。"于是，愉快地握手后，美国人再次向经理道谢，之后走出经理室。经理送他出门时说："请您将这件滑倒的事忘掉吧，欢迎您再来！"美国人频频道谢，然后消失在人群中。从此，只要这个美国人到上海，必定住进这个饭店并到经理室致意。

这位美国人最后之所以能够满意而去，就在于这位经理能够在焦虑面前保持理智，顺着对方的意见，并用柔和的语言和切实的行动把这位美国人的怨气化解于无形之中，从而制止了事态的进一步扩大。

当我们在生活中遇到不顺心的事，抱怨只会让你处于一个尴尬的位置，不会解决任何问题。解决问题的方法应该是心平气和地去观察问题的缘由并加以解决。所以，当我们遇到问题时，应该试着退后一步，不要抱怨环境，要学会改变心态，我们要知道，挫折与苦难都是一种经历，都会让我们得到成长，学会坚强。

面对人生这串念珠，你要耐心数完它

人生就像一串无数焦虑组成的念珠，大到学业、工作、事业、恋爱、婚姻、为人处世，小至日常起居。无论你是春风得意，还是失败落魄，焦虑都会如影随形。我们无法逃避，要做的只是把这串念珠数完。面对人生这串由焦虑组成的小念珠，你要一颗颗地耐心数完它，去面对、细看每一颗念珠，解决每一个也许是很小的焦虑，这样人生才会真正地完整与美满。

过度焦虑的心情大概谁都体验过。当我们对某些不顺心束手无策时，焦虑之情便油然而生；即便工作取得了成绩，经济上增加了收入，恋爱取得了进展等，也会产生焦虑。因为取得了成绩会引起不同的反应，增加的收入怎样支配也不能随心所欲，爱情有了新进展又会有新的问题产生，等等。人是有感情、有理智的，对外界的现象不可能毫无看法和情感反应。当主观需要和客观可能，自身的愿望和别人的要求难以达到和谐时，焦虑就会悄然而至。

有一个小男孩，他们全家都是虔诚的基督教信徒。在男孩很小的时候，他就佩戴着一个简洁的十字架，那个十字架很普通，样式也并不难看。可是，男孩总觉得自己的十字架太重了，简直要把自己的脖颈都压断了。而别人的十字架似乎看起来都很轻巧可爱，所以他一直希望能和别人交换一下。但是，这种东西谁肯轻易交换呢?

于是，他决定出门去寻找一个满意的十字架。

一天，他来到一座华丽的大教堂。男孩高兴极了，因为他发现那里有一个展柜，里面陈列着各种各样、不同材质、不同大小的十字架，看起来眼花缭乱，个个都那么精美。

他先是看上了一个表面镶着钻石和黄金的小十字架，对它爱不释手，他想，戴上这个十字架一定很舒服，也肯定能让自己更漂亮。但当他拿起来往脖子上戴的时候却发现，这个十字架沉极了，根本就不适合佩戴，而只能作为一件艺术品待在展柜里。钻石和黄金虽然珍贵而美丽，但要是每天都戴着它们，那将是多么沉重的负担啊，他根本就不可能再迈起轻盈的脚步去跳舞了。所以，他放弃了。

他又来到另一个檀香木雕刻的十字架面前，它上面有很多美丽的玫瑰花，他想，这个也不错，也很漂亮，戴这个应该比上一个要容易多了。他轻松地拿起并挂在脖子上，可是玫瑰花的枝叶扎得他很难受，不一会儿，脖子就红了一片。所以，他又放弃了。

最后，他走到一个十分朴素的十字架面前，他拿起十字架，觉得这个是他最满意的，也是最容易戴的一个。当他定睛仔细观看时，却发现，原来这个正是他自己的那个十字架，他刚才试戴新十字架时，随手把它放在这里了。

不同的人生阶段有不同的烦恼。上学的时候，每天会因为学习的压力而烦恼；大学毕业了会因为工作上的不顺而烦恼；当了领导又有工作环境的烦恼；年龄大了又有找对象的烦恼；终于结了婚，又有了家庭的烦恼；过了而立之年，更是烦恼不断。可以说，有生活就有烦恼，要处世就会遇到烦恼。如果我们总是焦虑，那只能是庸人自扰。

分析起来，我们可以把焦虑分为三种：一是无故焦虑，如走路怕摔了，吃饭怕噎了，身体还是好好的就担心将来如果身体不好了怎么办；二是小题大做，如偶尔得了伤风感冒就惊恐不安，上街怕买不上菜，出门怕搭不上车，为小小的失利惴惴不安，为一时丢了“面子”而焦虑不已；三是徒劳的焦虑，如子女尚幼就为他们的升学就业操心，自己的工作明明很如意却担心有不测风云……

唐睿宗时，有个叫陆象先的人。他为人宽容，才学很高，办事干练，素有威名。有一年，陆象先出任益州剑南道按察使。到任后，对百姓十分宽厚仁慈。即使对于犯罪的人，也不轻易动刑，而是讲道理以德服人。他的助手司马韦劝他说：“你应该用严厉的刑罚建立自己的威望。不然，这里的百姓就会轻慢你，就没有人怕你了！”

陆象先听了，摇摇头说：“老百姓的事情在于道德教化和治理，只要社会安定，百姓安居乐业，他们便会服从你，谁说只有用严刑才能树立自己的威望呢？”又有一次，一个小吏犯了错，陆象先只是批评了他一顿，劝他以后不要重犯。而一个属下认为处理太轻，应该用棍子重重责打那个小吏一顿。陆象先严肃地对他说：“人情都是相通的。我责备了他，他难道会不理解我的话吗？他是你的手下，他犯了罪你也有责任，如果一定要用刑的话，是不是应该先从你开始呀？”这么一来，那个属下不敢说话了，满脸羞惭地退了下去。

陆象先曾多次说：“天下本自无事，只是庸人扰之，始为繁耳。”意思是说，天下本来没有什么难事，只是由于一些平庸无能之辈不会处理，结果才把事情弄复杂、搞麻烦了。

所以，很多事并不像人们所想象的那样复杂，所以也就无须去焦虑什么，焦虑多了，只能是给自己添麻烦，招惹是非。

不管是哪一种焦虑，对自己和别人都没有好处。据研究，经常焦虑的人易患慢性疲劳综合征。患病的人虽然没有重体力劳动之累，又无重任在肩，却老是感到疲惫不堪，尽管休息补养，却不见起色。经常为焦虑所困的人往往注意力容易分散，影响工作和学习效率，缺乏人生乐趣，更无冒险精神，事业上难有大成。焦虑过度，还会转向精神抑郁症。“焦虑型”的人往往喜欢多管闲事，唠唠叨叨，爱把自己的意见强加于人。在集体生活中，使人感到碍手碍脚，别人往往不愿与其交往。如此这般，造成恶性循环，搞得人生了无趣味。

人啊，别总烦恼，烦恼的根源全在于自己，你郁闷源于你不够开朗，你悲伤源于你不够坚强。既然怎么都是过，何不快乐地活，何必委委屈屈、失失落落的没有好脸色。今天再大的烦恼也阻挡不了明天的生活，我依然是我。人们烦恼，实因是看得太近、而又想得到的太多，那么何不站得远一点、放得多一点，聪明的人不会注意自己不可能得到的东西，也不会为他们而烦恼。所以，别自寻烦恼、别庸人自扰。

焦虑看似渺小，却一直在侵蚀心灵

在日常生活中，我们常常会碰到一些引起焦虑的事情：当你几经奔波，终于找到了一份工作，可以放手大干充分施展你的聪明才智的时候，却突然发现，你的工资比别人少了几十元；当你领导的一项改革计划被社会实践证明是有益的，而且正在节节推进的时候，却突然听到人群里有几声闲言碎语；当你和你的爱人携手建起了美好家园，甜甜蜜蜜共度人生的时候，你们之间发生了一点小小的龃龉……于是，有人为那几十元而耿耿于怀、焦虑不已，甚至想到消极怠工或辞职不干；有人放下了该干的事情把精力用去抱怨闲言碎语；有人为一点小小的龃龉而焦虑不断，甚至越闹越大……

一位勇者发誓要排除万难攀登一座高峰。在众人期待的目光中，他出发了。然而，他却于中途放弃了。出人意料的是，使他放弃的原因只是鞋中的一粒沙。

在长途跋涉中，恶劣的气候没有使他退缩，陡峭的山势没能阻碍他前行，难耐的孤寂没有动摇他坚定的信念，疲惫与饥寒没有使他畏惧。但不知何时他的鞋里落入一粒沙，起初他并没在意，他原本有时间和机会把那粒沙从鞋里倒出来，可是在我们的勇士眼中，它实在是太微不足道了。

的确，比起勇士所遇到的其他困难来说，那粒沙的存在简直可以忽略不计。然而，越走下去那粒沙越是磨脚，终于每走一步都伴随着锥心刺骨的疼痛，他终于意识到这粒沙的危害。他停下脚步，准备清除沙粒，但是却惊异地发现，脚已经被磨出了血泡，沙被清除出去了，可是伤口却因感染而化脓。最后，除了放弃他别无选择。

这粒沙就如同我们的焦虑，它看似渺小，却一直在慢慢地侵蚀我们的心灵。我们总会替勇士的遭遇惋惜，然而就在我们惋惜的同时，我们更应该做的是不要重蹈覆辙。不要轻视我们心中的焦虑，你越焦虑，你的生活就越糟糕。

不过，如果你不采取正确的发泄方法，而是跟自己的焦虑斤斤计较，并不断地任由焦虑控制自己的行动，那么，你的一时冲动也有可能会造成终生的悔恨。

有一天，德国著名的化学家弗因德里希由于头疼难忍，产生了很多焦虑的情绪。他拿起一位不知名的青年寄来的稿件粗粗看了一下，觉得满纸都是奇谈怪论，就顺手把这篇论文丢进了废纸篓。几天以后，他的头痛好了，情绪也好很多了，那篇论文中的一些奇谈怪论又在他的脑海中闪现。于是，他急忙从废纸篓里把它拣出来重读一遍，结果发现这篇论文很有科学价值。他马上写信给一家科学杂志社，加以推荐。这篇论文发表后轰动了学术界，该论文的作者后来获得了诺贝尔奖。

可以想象，如果弗因德里希的情绪没有很快好转，那篇闪光的科学论文的命运就将在废纸篓里结束了。所以，自己要聪明些，就要学会控制自己的焦虑。

生活中的一些小事往往会引起你的焦虑，比如当你带着孩子及他们的两个朋友回家时，所有的孩子都饿了，而你还没有时间清理上一餐的残局，这时电话铃响了，门铃也响了。在这一小段时间你觉得自己快疯掉了，你准备抓狂了，此时如果你深呼吸一下，自己的焦虑便会马上走掉。实际上，在那样的混乱当中，你所能做的只是自动投降，放松心情。而当你放松心情，不再做无谓的挣扎时，所有的事都会开始变得很顺。那样，你会很惊讶自己得到的结果。你越心平气和，生活就会越顺利。你不会再为做错的事争论，引发别人心中的恶感，而且在事情有更进一步的改善之前，你也不会再唠叨不休。

小满经常说的一句话就是，早知道当初，现在我就不是这般光景了。他有段日子手里有闲钱，但因为想着做其他投资，于是就没买房，当现在房价飙升了，他才赶快去买。可好不容易摇了号买了心仪已久的房子后，他不仅不开心，反而觉得自己亏了。因为他总想着，如果他早一步买，花的钱要整整少三分之一。

他从上一家公司跳槽出来时，那家公司濒临倒闭，那时候他庆幸自己在领了最后一个月薪水后果断选择了离职。可如今那家公司居然东山再起，相同工作岗位的待遇简直就是他如今的好几倍，于是他又后悔当初不应该那么着急走。

而他如今的妻子，是他大学时的同学，当时妻子虽然样貌身材都很普通，但彼此有感情，也决心共同奋斗。可这几年，当他遇到了初恋女友，回家就抱怨自己的妻子人老珠黄，心想着当初为什么非要跟她结婚。大概很多人都会有这样的感觉吧，无论做什么选择，总是会后悔。因为后悔，就会更焦虑，而越焦虑，就会感觉自己的生活越不顺利，变得消极怠慢。

不管现实怎样，你都不应该焦虑，而要靠自己的努力来改变焦虑的心态。你从现在开始要记住：不要因为别人而焦虑，不要因为环境而焦虑；你无法改变环境，就改变自己；你改变不了过去，就努力改变未来。

放下过去，拥有幸福的人生其实很简单

我们常常感觉自己很累，往往还会对生活有一种焦虑。是的，竞争激烈的现代社会生活中，“生活太累了！”成为现代都市人的普遍感慨。其实，要想活得轻松其实不很难，拥有一个幸福的人生其实也很简单，只要我们学会拥有“放下过去，不为昨天困苦买单”的心态。

然而，当一件不好的事情发生时，我们总习惯叹息道“假如当初……”，其实，“假如当初”这种想法一开始就是个错误，因为，凡事没有绝对的对或错。假如我们选择了一条路，就无法确定如果选另一条路的结果会如何。假如当初我们做的是另外一个决定，那样或许就会更好吗？不，没有什么是绝对的。

想过吗？当我们说“早知道”的时候，就表示之前并不知道。既然是不知道，又能怎么样选择？我们又怎么对一件根本不知道的事做判断？

既然我们不是先知，无法预知下一时刻将要发生的事情。那么，

我们的人生就不免会有很多遗憾，会有困苦。虽然困难和困苦是无法避免的，但我们却可以决定自己要受苦多久。既然如此，既然决定权在自己，为什么我们总要让自己苦上个十天半个月，甚至好多年还不肯“放下”呢？

忘记过去的成功与失败，给自己一个全新的开始，我们便会从未来的朝阳里看见另一处成功的契机。

有个泰国企业家，他把所有的积蓄和银行贷款全部投资在曼谷郊外一个备有高尔夫球场的 15 幢别墅里。但没想到，别墅刚刚盖好时，时运不济的他却遇上了亚洲金融风暴，别墅一间也没有卖出去，连贷款也无法还清。企业家只好眼睁睁地看着别墅被银行查封拍卖，甚至连自己安身的居所也被拿去抵押还债了。

情绪低落的企业家，完全失去斗志，他怎么也没料到，从未失手过的自己，居然会陷入如此困境。他承受不起此番沉重的打击，在他眼里，只能看到现在的失败，更不能忘记以前所拥有过的辉煌。

有一天，吃早餐时，他觉得太太做的三明治味道非常不错，忽然，他灵光一闪，与其这样落魄下去，不如振作起来，从卖三明治重新开始。

当他向太太提议从头开始时，太太也非常支持，还建议丈夫要亲自到街上叫卖。企业家经过一番思索，终于下定决心行动。从此，在曼谷的街头，每天早上大家都会看见一个头戴小白帽，胸前挂着售货箱的小贩，沿街叫卖三明治。

“一个昔日的亿万富翁，今日沿街叫卖三明治”的消息，很快地传播开来，购买三明治的人也越来越多。这些人中有的是出于好奇，也有的是因为同情，更多人是因为三明治的独特口味，慕名而来。

从此，三明治的生意越做越大，企业家很快地走出了人生困境。

他之所以能失而复得一个如此明媚的今天，是因为，在曾经的失败向他挑战现在和未来时，他没忘记先将身上的灰尘拍落，然后再轻轻松松地与之应战。

这个企业家叫施利华。几年来他以不屈不挠的奋斗精神，获得全泰国人民的尊重，后来更被评为“泰国十大杰出企业家”之首。

是啊，终日想着那些不幸的经历和已经错误的路途，只会越加剧我们自身的伤痛，也只会让我们对未来的看法越来越黑暗，越来越嫉恨。忘掉它们，把那些痛苦的过往从记忆中逐出，就像把一个盗贼从自己家逐出一样。

所以，请从记忆中抹去一切使我们消沉、痛苦的事情，只有把这些放下了、忘记了，我们才能重新开始一种人生，所以，对于那些不幸的经历，唯一值得去做的，就是彻底将它们埋葬。

要知道，人生不可逆转，时光不能倒流。在过去的长河中我们难免留下了遗憾，偶尔回头去想想那些经历过的失误，也许对我们以后的人生、心态、行为，有一些纠正和指引。但，沉溺于当初的痛苦之中，只会停止我们的脚步。

丹麦哥本哈根大学有一个学生叫里奥，有一年暑假，他去华盛顿观光。很可惜，刚到达华盛顿，里奥就发现钱包不见了，钱包里装有护照和现款。他跑去向警察说明了情况。

第二天，钱包仍不知下落。里奥的衣袋里只有几十元的零钱。他该怎么办呢？难道要到警察局坐等消息吗？“不，我应该愉快地过好今天。”他对自己说，“我不愿做任何无意义的事情！我要参观华盛顿，我可能不再有机会来这儿了。”

于是，他步行出发，参观了白宫和国会大厦，参观了一些博物馆，爬上了华盛顿纪念碑的顶端。虽然无法到华盛顿郊区以及他计划中的其他地方去，但是，凡到过的地方，他都很认真地体会和欣赏，还留下了许多美丽的照片。

在他回国后的第五天，华盛顿警察局帮他找回了钱包。此次出行，他没有为自己留下任何遗憾。

假如我们能够像里奥那样，明白只有今天和此刻所做才是真实的，彻悟昨天、今天和明天的时间关系，就不会沉浸于痛苦中不能自拔了。如果我们能把昨天看成是今天的经验、借鉴，把明天看作是今天努力的收获，就能在积极的情绪下把每一天都过得有意义。

所以，过去的就让它过去，我们的心承载不了太多的过去。不管是痛苦还是辉煌。就像一首歌曲里唱的，“让过去飘散在风中吧”，人生就是不断重新开始的过程，随时都可以有新的开始，新的希望，新的天空。

事实上，只要我们愿意，过去就会成为现在的基石，让我们因过去的沉淀而获得新生。我们在时间的母胎中，慢慢酝酿勾勒，在一次次的遭遇中慢慢刻画成自己的风骨。没有人能挽留时间，只能在时间中慢慢蜕变。执着于过去那些或美好，或落败，或伤感，或幸福，都只能让自己沦为过去的一部分，再也难有未来可言。而只有那些敢于与过去的不堪握手言欢的人，才能够放下一切，轻装上阵，用坦然的心态去迎接更好的明天。

卸下背负的十字架，享受当下的幸福

生活中我们总是比较喜欢那些认真的人，因为他们做事细致，为人正派，都说认真的人最可爱，认真能让工作变得出色，能让生活变得精致，也能让人生变得幸福和充实，认真的态度是每个人都需要的，不管是在工作中还是生活里。然而，我们却看到不少人认真得近乎于偏执，对自己苛求过多，导致人生过于沉重。而这样的人总会背上沉重的十字架，无法享受当下生活的幸福。

其实，适可而止，见好就收，不要过分苛求自己的人才能活得快乐，幸福。不能成为第一，就坦然充当第二；不能拥有伟大，就甘愿静守平庸，用轻松的人生规则主宰自己的快乐又有何不可呢？因为任何事情都会“过犹不及”，懂得八分哲学的人才能拥有更多的快乐。

法国人从莫斯科撤走后，一位农夫和一位商人在街上寻找财物。他们发现了一大堆未被烧焦的羊毛，两个人就各分了一捆背在自己的背上。归途中，他们又发现了一些布匹，农夫将身上沉重的羊毛扔掉，选些自己扛得动的较好的布匹；贪婪的商人将农夫所丢下的羊毛和剩余的布匹统统捡起来，重负让他气喘吁吁、行动缓慢。走了不远，他们又发现了一些银质的餐具，农夫将布匹扔掉，捡了些较好的银器背上，商人却因沉重的羊毛和布匹压得他无法弯腰而作罢。突降大雨，饥寒交迫的商人身上的羊毛和布匹被雨水淋湿了，他踉跄着摔倒在泥泞当中；而农夫却一身轻松地回家了。他变卖了银餐具，生活富足起来。

大千世界，万种诱惑，什么都想要，会累死你，该放就放，见好就收，你会轻松快乐一生。贪婪的人往往很容易被事物的表面现象迷惑，甚至难以自拔，事过境迁，后悔晚矣！所以在生活中，我们应该学习那个懂得见好就收的农夫，而不是贪心不足的商人。

其实，人活一世，凡事都不能太苛求，都应有度，要不然就会乐不可及，乐极生悲；欲不可纵，纵欲成灾；酒饮微醉处，花看半开时……

那么，我们要怎样才能做到适可而止呢？适可而止，关键在于把握一个度，让一切恰到好处，不多也不少。当然这个度的把握也很微妙，需要我们在生活中体会。

我想大家可能见识过“洁癖”的人。在生活中讲卫生是个良好的卫生习惯，只是有“洁癖”的人不知道适可而止，比如每天下班回家都要把里里外外的衣服换下来，还要放在消毒液中浸泡清洗；担心放在办公室的杯子会成为传染源，于是就频繁更换杯子；即使只有自己或家人乘坐的私家车，每天也要用消毒液擦个遍……医学专家认为，过分的消毒卫生措施是没有必要的，这样不仅起不到预期的效果，还会给人们在时间、精力上带来很大负担。不但他们自己累，也让身边的人很累。

及时享受当下的生活，掌握适可而止的艺术，最主要的是在对待财富问题上持有适可而止的态度。俗话说，贪心图发财，短命多祸灾。不懂得适可而止，终究是要吃大亏的。有多少人因为贪心发财，不懂得适可而止，甚至不惜触犯法律，最终招来牢狱之灾。例如黄光裕，这位曾经是国美的掌舵人，缔造了一个个神话，也为社会创造了大量的财富，他个人也因为其对国美的贡献而收获颇丰。只是他却没有掌握人生的八分哲学，不懂得适可而止，最终走上一条让自己后悔、让旁人唏嘘的道路。

是啊，人心不足蛇吞象，要没有学会适可而止，做事贪得无厌，最终自己会毁在无尽的贪欲上面。要知道，贪欲跟烦恼和失败是成正比的。

有一个寓言故事真的值得我们深思。有一个人穷困潦倒得连床也买不起，家徒四壁，只有一张长凳，他每天晚上就在长凳上睡觉。他向佛祖祈祷能给他一个发财的机会，佛祖看他可怜，就给了他一个装钱的口袋，说："这个袋子里有一个金币，当你把它拿出来以后，里面又会有一个金币，但是只有当你把这个钱袋归还给我后才能使用这些钱。"

那个穷人就不断地往外拿金币，整整一个晚上没有合眼，地上到处都是金币，他这一辈子就是什么也不做，这些钱也足够他花了。每次当他决心归还那个钱袋的时候，都舍不得。于是他就不吃不喝地一直往外拿着金币，直到屋子里全堆满了金币。

可是他还是对自己说："我不能归还钱袋，钱还在源源不断地出，还应该多一些钱才好！"到最后，结局可想而知，他虚弱得没有了一丝力气，终于死在了钱袋的旁边，屋子里装的都是金币。

人生虽然没有财富是不行的，但如果过度地追求财富就会使我们迷失生活的方向。凡事适可而止，才能把握好自己的人生方向。适可而止就是要选择在最为合适最为有利的时机，立即停止所做的事情，以达到最佳的效果。在工作和生活中要掌握适度的原则，注意分寸和火候，做到"胸中有数"，才能成为生活的高手。

生活中的我们都需要懂得适可而止，见好就收，也只有这样的人生才能在股市炒股中，掌握行情变化，适可而止地将手持股票抛进抛出，才会获得较好的回报；在商场谈判中，根据实际情况，适可而止，也会达到较为理想的效果，提高谈判的成功率；在朋友交往、待人接物中，做到适可而止，可以维持和增进朋友间的友谊，等等。

所以说，生活中我们要懂得适可而止、恰到好处的智慧。

PART 02

你为什么总在焦虑的包围中

只有得到真正的满足感，才能脱离焦虑

很多人处于焦虑状态当中，而不能自知。

无处不在的威胁

从源头来看，焦虑是对抗不确定的威胁来源的高度警觉，防卫状态。它就像我们在黑夜的非洲塞伦盖蒂草原上宿营，虽然点着篝火，外面也用荆棘丛做了防御，可是我们知道，在伸手不见五指的暗夜里，狮群，鬣狗，花豹，甚至毒蛇之王黑曼巴蛇都可能随时出现。使我们无时无刻不在防备当中，可是我们又不知道威胁到底从何而来，于是处于高度警觉的防御状态。我们今天虽然已经远离非洲大草原，处于食物链的顶端，可是我们几百万年以来形成的应对外界威胁的心理模式，生理模式和行为模式，依然牢固地坚持着，仿佛我们依然是草原上无助的被猎食动物。

死亡焦虑（Deadline）

焦虑并不都是坏的影响，一定程度的焦虑能帮助我们集中精神，处理比较困难的问题，比如，考前适当的焦虑能提升应考状态。如果毫不在乎，过于放松，通常不会太好。焦虑还能让我们紧张起来，就像很多人会拖延到最后期限时候赶着完成工作。其实，弗洛伊德所说的死亡焦虑也有这样一种作用，生命是有尽头的。于是，我们只能让自己紧张起来，抓紧时间做想做的事，抓紧时间享受人生。

过度警觉

当然，过度、长期地处于焦虑当中，我们会过度消耗生理能量和心理能量，造成明显的症状，比如，失眠就是一种持续高度警觉的状态。从躯体反应来说，焦虑是一种热的状态，血液充满我们的胃黏膜，浑身燥热的感觉，但是，肌肉却没有充血，没有准备好立即行动。

焦虑的心理

焦虑是这样一种心理状态，感觉很着急，不能静下心来做事，感觉心总是在悬着。自己总处于莫名的烦躁的状态当中，想做什么又总是想一蹴而就。不能忍受需要长时间持续努力才能见效的成功。看起来很忙，但工作总是处在一种浮躁的状态，应付式的工作。

焦虑的人生

哲学家叔本华说过，人生不过是短暂的满足，以及不满足时长久的空虚。整体来说，他描述的就是一种焦虑状态，特别典型的是赌徒，狂热的赌徒并不能感觉到赌博带来的满足和快乐，即使赢钱的快乐也只是那么一瞬间，他忙着在下注，紧张焦虑地等待着不可预知的结果，并为之而神魂颠倒。赌徒完全陷入了焦虑当中，没办法享受到真实的快乐，过自己主导的人生。

怎么办

如果只是简单地劝说，不要焦虑了，当然没有用。甚至起到相反的作用。只有真正地感觉到自己的满足和快乐，不管是什么工作，高管、技术，甚至养花养草这样的个人爱好，得到真正的满足感，才能脱离焦虑。

焦虑是失败的源头，它会导致你泄气

有些人在遭遇不快时，虽然不会暴跳如雷，但是总喜欢唠唠叨叨、焦虑不断。焦虑是失败的源头，就像用烟头烫破气球一样，别人和自己都会泄气。谁都不愿意靠近牢骚满腹的人。没有哪个老板会喜欢这样的员工，没有哪个员工会喜欢这样的同事。所以，与其焦虑，不如多用心做事。

遇到挫折，无论怎样焦虑，最终都是徒劳无益的。吸取经验，调整策略，才能最终找到解决问题的办法。人做事不可能一辈子都一帆风顺，就算没有大失败，也会有小失败。每个人面对失败的态度也会不一样，有人不把失败当一回事，因为他认为“胜败乃兵家常事”；也有人拼命为自己的失败而焦虑，告诉自己，也告诉别人，他的失败是因为别人扯后腿、家人不帮忙，或是身体不好、运气不佳，连国外的战争都可以成为失败的理由。

焦虑其实是一种欺人与自欺的谎言，理由的背后是什么呢？这些理由真的能够站得住脚吗？失败时，一味地焦虑，渐渐会麻痹了我们的思想，于是当问题产生，我们首先想到的是如何解释，以缓解压力和寻求谅解。其实当一个人在焦虑的时候，实际上就是在为自己找借口，而找借口的唯一好处就是安慰自己。但这种安慰是致命的，它让人对现存的状况无动于衷，并且给人一种心理暗示：我克服不了客观条件造成的困难。

在这种心理暗示的引导下，我们不再去思考克服困难、完成任务的方法，哪怕是只要改变一下角度就可以轻易地达到目的。寻找借口就是对所做事情的拖延和放弃，它会使人变得懦弱，不负责任。

在一家咨询工作室里，发生了一件非常有趣的事情：一对“冤家”前后脚前来咨询，一个是抱怨老板管理不善而想跳槽的员工，另一个是被焦虑搅得心烦意乱而想裁员的老板。

小林是来自大企业的技术主管，他被猎头公司“猎”到一家民营制造企业担任制造总监。虽然职务和薪金都涨了一大截，但他很快就发现这家公司有很多问题，比如，战略不清晰、管理混乱、保险不健全、老板经常会改变思路等。一次，小林情急之下对老板抱怨道：“你请我来是干事业的，不是来随你们变来变去的。”于是，他来到咨询工作室，说这样的企业和老板根本不值得效力，准备跳槽。

紧接而来的是这家民营制造企业的老板，他诉苦道，花血本“猎”来的总监太挑剔，对企业这也看不惯，那也看不惯。有一天他竟然跑来抱怨说：“这次简直是掉进了火坑，居然还有这么落后的制度和管理……”老板非常恼火，想请他走人吧，又觉得这一笔猎头费血本无归；有心留下吧，又担心他整天焦虑会成为公司的不安定因素。

咨询顾问谢天认为：对焦虑的员工而言，他可能没有认识到，管理落后这个问题是每个小企业都存在的问题，是必须跨过的一道“槛”，而一名员工在这种时候不但要做好事，还要学会应对各种可能的突发事件，和大家一起改善、创造做事的环境。在这种情况下，除了默默忍耐外，还需要掌握一些规律，比如在不同的环境中，自己的心态和行为会有怎样的变化，如何把握、应该用什么样的方式和老板相处；不同的企业，发展的规律是不同的，要掌握你所面对的企业规律是怎样的，这样可以多一些主动权，少一些失望和焦虑。

咨询顾问谢天最后给这位“空降兵”开的药方如下：闭紧抱怨的嘴，少说多做。老板喜欢有能力的人，喜欢有实际绩效的人。先打一些“小胜仗”，干出样子来，再选择合适的时机提出建设性的意见。而他给这位老板的建议和这位“空降兵”的建议差不多：忍耐一下，看看这名员工以后的表现如何。

老板忍耐了两个月，当他面对业绩报告的时候，喜笑颜开了，这位“猎”到的总监很不错，他把成本控制得非常好，每个月节约上百万，产品质量也有了很大的提高。老板夸赞道：“毫不夸张地说，企业的管理水平飞速进步了10年。”

当然，这位总监也看到了自己所到的这个新企业的发展潜力，看到了自己的施展空间，终于，这对“欢喜冤家”对上了眼，企业朝着他们的期望飞速前进。

焦虑是人生路上的包袱，毫无价值，只会拖累你前进。与其焦虑、无所作为，不如实干、踏实前进。

小田在一家公司打工，刚进公司时和公司其他的业务员一样，拿非常低的底薪和很不稳定的提成，每天的工作都非常辛苦。他拿着第一个月的工资回到家，向父亲抱怨说：“上司太抠门了，给我们这么低的薪水。”慈祥的父亲并没有问具体数字，而是问：“这个月你为公司创造了多少财富？你拿到的与你给公司创造的是不是相称呢？”实际上，由于刚进公司，一个客户订单小田都没有接下，因此，对于父亲的话，他无言以对。

从此，小田改正了自己好抱怨的不良心态，既不抱怨别人，也不抱怨自己，更多的时候只是感觉自己这个月为公司创造的成绩太少，甚至觉得对不起公司。为此，他非常努力地工作。慢慢地，小田接下来的订单越来越多。两年后，他被提升为公司主管业务的副总经理，工资待遇提高几倍，这时的他时常考虑的仍然是：“今年我为公司创造了多少效益？”因为业务突出，不久他又被老总提拔为常务副总经理，这时他才 27 岁。

欲速则不达，成功不是一天造就的。作为下属，当我们不如意的时候，一味地喋喋不休，抱怨上司，都注定于事无补。反之，如果能够积极地调整自己的心态，由消极变为积极，由推诿变为主动，由事不关己变为责任在我，勤奋踏实地工作，能让我们离成功越来越近。

一个成功的人身上必定具备许多种优秀的品质，勤奋是其中不可或缺的一种。通往事业成功的道路也有很多，但如果想走得更稳健，也少不了一个“勤”字。正如鲁迅先生所说：“伟大的事业同辛勤的劳动是成正比的，有一分劳动就有一分收获，日积月累，从少到多，奇迹就会出现。”

原盛大网络总裁唐骏，便是一个勤奋、踏实的杰出代表。唐骏说：“别人看到的是我的成功，看不到的是我几年、几十年如一日的勤奋。我没有其他秘密，只有靠勤奋、踏实地工作。一点点聪明，加上十点的努力，就足够了。领导不会讨厌勤奋、踏实的人，勤奋、踏实在一个人的职业生涯中比什么都重要。勤奋、踏实会影响每个人一生的命运！”

的确，唐骏在工作中的勤奋是出了名的，他一直是公司中每天早上去得最早、晚上走得最晚的人，除了睡觉，其余的时间几乎都在工作，他被称作微软中国最努力的人之一。而他的工作态度回报给他的，是帮助他从一个普通的软件工程师到微软写代码的工程师，从微软中国总裁到盛大网络总裁。7 年的时间，唐骏年收入已达千万，身家过亿，名扬海内外。

作为下属，我们身处于一个竞争激烈的时代，勤奋、踏实是一种相当宝贵的品质——不仅是对上司来说，更重要的是对下属的个人成长有巨大的推动作用。对一名下属来说，具备了这种品质，就等于拥有了巨大的人格力量，很容易就会得到上司更多的认可和赏识。

作为下属，焦虑的心态是要不得的，它是获取幸福生活和成功路上的毒瘤，必须剔除。我们只有静下心来踏踏实实做事，才不会被自己的焦虑情绪所左右，才能在自己平凡的岗位上做出出色的成绩，实现自己的人生价值。

一个人一旦养成焦虑的习惯，他的工作就会拖拖拉拉，没有效率，做起事来就往往不诚实，这样的人不可能是好员工，也不可能取得什么大成就，在公司里这样的人迟早会被辞退。

许多喜欢焦虑的人，在享受了抱怨带来的短暂快乐后，起初还有点自责，可是重复的次数一多，也就变得无所谓了，原本有点良知的心变得越来越麻木不仁。其实，遇到挫折，无论怎样焦虑，最终都是徒劳无益的。我们只有在失败中吸取经验，调整策略，不断尝试各种方法，才能最终找到解决问题的办法。

在墨西哥市一个漆黑、凉爽的夜晚，坦桑尼亚的奥运马拉松选手艾克瓦里吃力地跑进了奥运体育场，他是最后一名抵达终点的选手。

这场比赛的优胜者早就领了奖杯，庆祝胜利的典礼也早就已经结束了，因此艾克瓦里一个人孤零零地抵达体育场时，整个体育场几乎是空无一人，艾克瓦里的双腿沾满血污，绑着绷带，他努力地绕完体育场一圈，跑到了终点。

在体育场的一个角落，享誉国际的一名纪录片制作人远远看着这一切。

接着，在好奇心的驱使下，这位制作人走了过去，问艾克瓦里，为什么要这么吃力地跑至终点。这位来自坦桑尼亚的年轻人轻声地回答说："我的国家从两万多公里之外，送我来这里，不是叫我在这场比赛中起跑的，而是派我来完成这场比赛的。"

焦虑不能帮助我们成功，放弃焦虑，为自己的绩效负责，为成功找方法，不为失败找理由，这才是迈向成功的基本态度。

每一个人不见得能一次尝试就成功，每个人也都有犯错的时候，别人可以原谅你，但自己不能为自己找台阶，必须告诉自己错在哪里，不再重复犯错，必须持这种态度。在每一次未能达成理想结果时，一定要进行研究，不断找寻新的方法来实践，不断修正自己的行为，就会一次比一次更进步、更理想。态度的改变，代表做事方式即将改变，行为一旦改变，结果自然也会改变的。

如果你不焦虑，一切都不会让你焦虑

当我们遇到困难的时候，每一个人都会或多或少地焦虑生活中的不公平。回想一下，我们在满腹牢骚时，能得到什么呢？焦虑是最没影响力的语言，遇到困难、心情不好的时候，看淡一点，静静地思考一下面临困境的原因在哪里。

对上司满腹牢骚时，上司觉得像你这样的员工很难缠，公司的规定自有他的道理，奖金的分配也是有根有据的，你这样满腹牢骚，到底是对谁不满意呢？从此以后，一个不好的印象就留在他那里，这似乎对你没有什么好处，非但没有，你还有可能因为自己的一两句抱怨，在以后的工作中，失去更多升职和加薪的机会。

对于同事也是如此，你的牢骚满腹，只能让他们认为你这个人一点都不沉稳，稍微有一点不顺心，就会心怀不满。一个人想方设法让别人觉得自己有修养还来不及，为什么要用一两句毫无作用的牢骚来毁掉自己好不容易才建立起来的良好形象呢？

公司要裁员，艺琳和蔓兰都被列在了解雇的名单上，按照公司的规定，被解雇的人员第二个月必须离开公司。

艺琳回家后，痛哭了一场，第二天到了公司，还是愤懑不平，她逢人就抱怨："我平时在公司干得这么卖劲，这么多人，凭什么要把我裁掉？公司真的是太不公平了！"而且越到最后，话说得越难听，甚至有些话里的意思是，她之所以被裁员，是有人背后告了她的状。除此之外，她还把宣泄不完的愤怒都发泄在工作上，该她负责的工作故意拖延，甚至有很重要的数字文件也不认真处理。

蔓兰和艺琳的遭遇是相同的，但她态度却完全不一样。蔓兰虽然心情也很沉重，毕竟这是自己工作了多年的公司，而且待遇不薄，所以她没有向任何人抱怨，她觉得公司这样做也是不得已而为之。于是她暗下决心，先做好手头的工作，以后再寻找更好的机会。在公司里，她在工作之余也会和同事们表示遗憾，说一些大家以后不能再在一起工作的话，并且及时地交接工作，以免自己走后给他们带来工作上的不便。

一个月后，公司却只通知艺琳一个人离开公司，人事主管的解释是："公司准备多留一个人，蔓兰在工作上仍然认真负责，且毫无差错，所以留下了她。"

不但在职场中，在家庭生活中也是如此，牢骚满腹，总是焦虑，会让家人没有安全感，也会让他们觉得你对他们来说不再是可以评判正确与否的标准，因为你总是吹毛求疵，对于他们认为没有问题的事情也挑三拣四，你的威信因此会大打折扣。

所以说，焦虑是最没有影响力的语言，遇到困难、心情不好的时候，看淡一点，静静地思考一下面临困境的原因在哪里，用什么方法可以解决。不但自己不发牢骚，还去安慰那些和你一样遭遇困境的人，这正是建立威望的好时机。

长期地焦虑会侵蚀你的生理与心理健康。如果你没有学会给自己良性的心理暗示，至少不用不良的暗示来迫害自己。

不分场合、不分对象地习惯性焦虑，什么都改善不了，还会失去原本可能到手的东西。

我们都知道，焦虑不是一种好习惯。在几千年前，荀子就说过：“自知者不怨人，知命者不怨天，怨人者穷，怨天者无志；失之己，反之人，岂不迂乎哉！”

法国作家罗曼·罗兰也说过：“应当让人懂得，他是世界的创造者和主人，对于世间一切不幸他都有责任，生活中美好的东西、荣誉也属于他。”因此，面对工作中暂时不完善的地方，我们最好不要牢骚满腹，不要怨天尤人，不要像裁判员、检察官那样居高临下地评判、抨击和指责别人，而应当看到自己的责任，拿出实干的精神和勇气来。

对工作和公司产生种种焦虑情绪，甚至采取一些消极对抗的行动，这是人的一种正常的心理反应。但是，一味地焦虑，不仅什么都改善不了，还会失去更多的东西。

有一位资深人士准备到一家新公司应聘，在众多竞争者中他的工作经验最丰富，学历最高，工作成绩也最显著。经过复试，他本已脱颖而出，却没想到最终被录用的竟不是他。他很惊讶，到这家公司问个究竟，得到了这样的回答：“的确，您的经验、能力是最突出的，但从您对您原来的公司的形容中，我们发现您是一个很喜欢抱怨的人，抱怨中午的工作餐不是人吃的，抱怨工作差、工资少，抱怨空有一身绝技却没人赏识……您口中的前公司那么差，而据我所知，我们两家公司的规模和体制差不多，我想您到我们公司来也一定会有同样的想法，所以……”

所有公司的领导都会认为，焦虑只是一种无能的表现。工作中不可能事事如意，也许暂时会有不顺，但不可能永远地失衡下去。只有将之化为动力，才能真正地提高工作效率，收到实际的效果，才会得到领导的认可。

某心理学家做过一个关于焦虑的心理测试，得出了这样的结论：如果你想焦虑，生活中一切都会成为焦虑的对象；如果你不焦虑，生活中的一切都不会让你焦虑。

有位成功人士说得好："就算生活给你的是垃圾，我认为，你同样能把垃圾踩在脚底下，登上世界之巅。"其实，这个世界只在乎你是否到达了一定的高度，而不在乎你是踩着巨人的肩膀上去的，还是踩在垃圾上上去的。何况，一味地焦虑不但于事无补，有时还会使事情变得更糟。所以，不管现实怎样，都不应该焦虑，而应该换种想法来思考问题，靠自己的努力改变现状并获得幸福。

比如，我们应明白骑在驴上才可以找马这个道理。现在这份工作的经验，是你开始另一份更适合你工作的垫脚石。没有一份经历是全然失败的，这份工作至少让你多了一个总结经验的机会，"他山之石，可以攻玉"。在不断的调整中才有可能寻找到自己的最佳位置，可这个前提是你得首先有个位置作为坐标。

不要浪费过多的时间在无聊的事情上。如果你的工作让你一点成就感也没有，那就赶紧想办法另谋高就，而不是不停地焦虑，焦虑不会提高你的口才，也不会让你得到什么有益的经验。只会使你浪费更多的时间，从而错失更多的机会。

另外，不焦虑就是给自己良性的心理暗示。心理暗示的作用是非常强大的，我们都知道良性心理暗示的正面作用，可很少去想不良心理暗示的负面作用。当人忧郁、气愤、心情不佳时呼出的气体是有毒的，这个你知道吗？长期地焦虑会侵蚀你的生理与心理健康。如果你还没有学会给自己良性的心理暗示，至少你不应该用不良的暗示来迫害自己。

最后，也是非常重要的一点，如果你真的要发泄而抱怨，那么你必须要分清场合，看清对象，你可以和家人或知心好友说说，他们是真正关心你的人，会用心地倾听，并且可能会给你一些好的建议。切忌同那些交情一般且有工作关系的人去抱怨，否则，只会给你带来不利。

在漫长的人生旅途中，苦难并不可怕，受挫折也无需忧伤。只要心中的信念没有萎缩，你的人生旅途就不会中断。生活如果都是两点一线般的顺利，就会如白开水一样平淡无味。只有酸甜苦辣咸五味俱全才是生活的全部，只有悲喜哀痛七情六欲全部经历才算是完整的人生。对生活中的困难和人生中的困惑，只要你坚持乐观向上的态度，充满信心，咬紧牙关，少一点焦虑，多一些热爱，那么所有的美好都将属于你。

拥有豁达开朗的心，幸福便触手可及

经常听到很多人焦虑老天对他不公平，本来应该属于自己的却得不到。其实，人生在世，贵在懂得知足常乐，拥有一颗豁达开朗平淡的心。知足者，可以在身处逆境时坦然处之，可以在身处顺境时不渝情理，当然就会少了焦虑。

我们随时会看到辛苦的，活得没有意义的，像骆驼一样负担沉重的人们。单只是生活，已经使他们疲于奔命。但他们仍然可以把希望放在明天或将来不知哪一天。他们只单纯地希望，有一天自己可以不这样劳累，就于愿足矣。

而且我因此相信，如果我处在他们的境地，一定也完全像他们一样。当我一文不名而只好在炽热的太阳下徒步赶路的时候，我最大的希望只是一张公共汽车票的钱。当我常年只有每天四小时的睡眠和二十小时的工作时，我最大的希望一定只是一天不受干扰地蒙头大睡。但是，我也由此明白，每当一个人最起码的愿望满足之后，他必定还要有第二个愿望；而且将来还会接着有更多更大的愿望。没有一个人认为他自己的生活中已经不再缺少什么，尽管假如他退居一个恶劣的生活环境中时，他会向往或怀念这种生活；但在他自己置身在值得满意或甚至于值得艳羡的生活中的时候，他总还是觉得贫乏和不如意。

当然，往好的方面说，由于我们时常不满意自己的现状，我们才会拿出更多的智力和体力，去求得更大的进步，我们才会有更多的创造与发明。但是，往坏的方面说，一个人如果只是消极地对生活不满意，消极地厌倦和焦虑，那就只能说是一种对自己幸运的忘恩负义。因为无论我们是不是认为自己已经够苦，总还有那些比我们活得更辛苦更没有意义甚至于看来更没有希望的人们，而他们却是在那里认真地抱着希望地活着。在他们心里想，如果他们有一天能达到我们现在所过的生活，他们一定要用最大的虔诚去感谢他们所信的不论是什么神。他们一定会觉得心满意足，不再会有任何奢望苛求了。

有一个樵夫，每天上山砍柴，日复一日，过着平凡的日子。有一天，樵夫跟平常一样上山砍柴，在路上捡到一只受伤的银鸟，银鸟全身包裹着闪闪发光的银色羽毛，樵夫欣喜说："啊！我一辈子从来没有看过这么漂亮的鸟！"于是把银鸟带回家，专心替银鸟疗伤。

在疗伤的日子里，银鸟每天唱歌给樵夫听，樵夫过着快乐的日子。有一天，邻人看到樵夫的银鸟，告诉樵夫他看过金鸟，"金鸟比银鸟漂亮上千倍，而且，歌也唱得比银鸟更好听"。樵夫想，原来还有金鸟啊！

从此樵夫每天只想着金鸟，也不再仔细聆听银鸟清脆的歌声，日子越来越不快乐。有一天，樵夫坐在门外，望着金黄的夕阳，想着金鸟到底有多美，此时，银鸟的伤康复，准备离去。

银鸟飞到樵夫的身旁，最后一次唱歌给樵夫听，樵夫听完，只是很感慨地说："你的歌声虽然好听，但是比不上金鸟的动人；你的羽毛虽然很漂亮，但是比不上金鸟的美丽。"银鸟唱完歌，在樵夫身旁绕了三圈告别，向金黄的夕阳飞去。

樵夫望着银鸟，突然发现银鸟在夕阳的照射下，变成了美丽的金鸟，他梦寐以求的金鸟，就在那里。只是，金鸟已经飞走了，飞得远远的，再也不会回来。

人常常在不知不觉之中成了樵夫，自己却不知道：原来金鸟就在自己身边。“不知足”几乎成了一种现代病。古人“采菊东篱下，悠然见南山”的怡然心境无处可寻，“乐天知命，故不忧”的心灵至境被物欲冲击得支离破碎。不管是低保的对象，还是月薪数千元的白领，说起自己的日子，都有一百个不满意，比比别人的生活，总感觉任重而道远。前者的心境尚好理解，那么后者呢？不少人暗自发问，现代人到底怎么了？多少钱才能买来“知足常乐”的心态？

每一个人都不免有时厌倦、烦闷和不满足。逢到这种时候，就是我们把自己设想到一个更没希望，更辛苦，更困难的境地的时候。幸福是需要比较的，它没有止境，没有标准，而只是看你对它的认识如何，及看你对它怎样解释而已。古人说：“布衣得暖胜衣锦，粗茶淡饭亦清甜。”无病无痛便是福，温饱无灾便是福，平平安安便是福，宁宁静静便是福。显然，说这话的人，已经从滚滚红尘中超然淡出，他活得很从容。

清代大思想家王夫之有个“六然”养生诀，其中第一“然”叫“自处超然”，是说自我感觉要超逸洒脱，这是人生的至高境界。这位老人，能从平凡的生活中去深刻感受发自内心的快乐，从而便有了怡然自乐乐无穷的心境。

不管古代还是现代，不管西方还是东方，快乐的本源是一样的。

曾有这样一个故事，有一个国王，他拥有至高无上的权力，挥霍不尽的金钱，宝马香车，红粉佳人，可他却觉得自己不幸福。后来，他听说世上有一种幸福外套，无论谁穿上它都会幸福无比。国王就下决心要得到它，他走了很多地方也没有找到。这天，他来到一处村庄，就上前问道："你这么快乐，一定是拥有幸福外套的人了？""幸福外套？"农人嘲弄似的说："就算给你，你也一定穿不上。""为什么？""因为你是一个贪婪的人，披的是欲望的衬衫，它一个劲儿地向外膨胀，你又怎能穿得上别的衣裳呢？"只有扔掉欲望的衬衫，才能得到幸福的外套。

人总是这样，很多时候，我们不知道自己想要什么，漂亮了还想更漂亮，钱多了还想更多些，得到了还想得到更多，人的劣根性导致在永不"知止"的底线上挣扎，尽管很辛苦，但却欲罢不能，所以幸福一直可望而不可即。

人人皆有欲，有欲需有度，如果人人都把自己的欲望控制在别人能容忍的范畴里，这世界不是从此变得更美好更绚丽？

"金玉满堂，莫之能守。"清东陵慈禧太后的墓里陪葬物特别多，生时要享受，死后也要享受，因此要多藏财物在地宫当中。但是，老子的话又应验了，正因为你"多藏"所以盗墓的人也马上盯住不放过，就盗挖，结果死了也不得安息啊！如果慈禧太后能看到后来这样盗挖她的墓穴，还会多藏吗？她也许会反思"我为什么这么惨？为什么死后还要'多藏'？为什么就不知道老子的那句话'多藏必厚亡'？"

潇洒是一种修养，更是成熟的表现

时下，“潇洒”二字使用的频率很高。人们在日常生活中，常常用羡慕的口吻说：“某某人活得真潇洒。”潇洒并不是说万事如意，没有任何麻烦，而是指一种心境、胸怀。

唐代诗人李白有诗曰：“右军本清真，潇洒在风尘。”就是赞颂东晋书法家王羲之气质高洁质朴。

潇洒也不是对人对己不负责任、无所顾忌。实际上，潇洒是一种修养，是成熟的表现。诗人白居易有诗曰:“行止辄自由，甚觉身潇洒。”丰富的社会履历和实践经验，使人变得成熟老练，能做到理智行事，“行止辄自由”。

其实，在现实生活中，遇到不顺心的事或难事，如果能做到胸襟坦荡，拿得起、放得下，永远保持平静、轻松、豁达的心境，能不潇洒吗？

潇洒美丽的心境，出于对生活的自信、对事业的执着、对人生的豁达。不会沉沦于困境，不拘泥于细枝末节，不参与无谓的争斗，不为他人的伤害而耿耿于怀，不为失败而沮丧消沉。

人生其实很短暂，即使活上七八十岁，面对千年树木万年青山，面对日月永恒的轮回，面对无始无终的宇宙，那也只是短暂的一瞬。让历尽千辛万难才赢得的生命轻松、愉快、潇洒，才真正对得起自己。在这短暂的人生中，让名缰利锁牵着绊着，让世俗观念困着扰着，不能尽情享受生活，不能舒展心怀，不能放飞精神，真辜负了自然赋予的生命。

幸福和快乐是一种感觉，这与所处的客观环境不一定有直接的关系，与所遭遇的人生境遇也不一定有直接的关系。一位不以拥有珠宝为荣的女人，那种极尽奢华珠光宝气的场面不但不伤其自尊，而且可能凸显她的睿智聪慧；满足于书斋生活的人，不会去仰慕高官大款；安于田园生活的人，不会艳羡都市生活；遭到妒忌、攻击，有人会为自己有值得他人妒忌的地方而自豪；品尝失望，有人会因从中看到希望而欣然；经历艰辛和挫折，有人会因为由此增长阅历而愉悦……当我们在生活面前保持了一种尊严、潇洒和美丽，也就找到了快乐的感觉。

现代生活节奏越来越快，人们的心情也越来越浮躁。读不进去世界名著，只选择短小的、最好带插图的书去读；不在乎天长地久、只求一时拥有的恋爱态度，让还不懂得生活内涵的青年人频频更换性伴侣；求职的人们谋求自我的发展，更重视薪俸的多少，甚至拿公司的国家的利益做交换去谋求自己的利益；做官的人中，非常多的人抱着趁着掌权大捞一把的心态，为自己聚财敛钱作威作福……更让我们感到可悲的，是社会舆论竟然也把上述行为当成一种潇洒来欣赏。

做学问的人，反而被当成书呆子看待；有着严肃认真求偶态度的年轻人，反而被视为迂腐；不关心部门利益国家利益的人，反而被当作可效仿的榜样；为官清正廉明的人，反而在官的群落中被视为另类；动辄万元却毫无营养价值的黄金宴竟为时尚；高等学府的女学生以傍上大款为荣；被称为反腐败后遗症的既不要钱也不办事的工作态度与收钱才办事的腐败行为在工作群体中得到认同……社会这样发展下去，我们身边的陷阱就太多了。当洁身自好的人得不到舆论的保护时，所谓人道、正义、人性、善良、忠诚、廉洁等等，就只能偏于社会一隅而起不到应有的社会影响。

潇洒是一种人生态度，也是可以撑起人的脊梁的内在品质。游戏人生不是潇洒，哗众取宠不是潇洒，及时行乐不是潇洒，用权势和金钱装点门面也不是潇洒。当遵循社会公德、造福社会、为自己也为他人创造快乐时，人是潇洒的；当面对责难、压力、威胁而坚持正义时，人是潇洒的；当勤俭持家用省下的钱去支持希望工程、烛光工程、助残计划时，人是潇洒的；当能将在外吃剩的食物打包带回时，当在旅游景点把产生的垃圾带走时，当制止浪费、宣传环保时，人是潇洒的；当挺直脊梁担当责任义务时，人是潇洒的……

孟子说："生亦我所欲，所欲有甚于生者，故不为苟得也；死亦我所恶，所恶有甚于死者，故患有所不避也。"生命有了自信自尊自爱的内涵，方能显示其潇洒美丽。

人是七情六欲的载体，正因为有各种感情，人才成为世界的灵物。如果随着对各种人、情、事的不相适应，不能够保持良好的心境，不善于营造良好心境，就会成为精神颓伤的雨打残花。

有一句诗说："人，诗意地栖居在大地上。"这"诗意地栖居"就是对心境的营造。好心境是盛开的花朵，是雨后的彩虹，拥有好心境你便会豁达乐观，感受到生活中无边的乐趣。而坏心境却如魔鬼和瘟疫，让你体味着一腔苦水和满天愁云。

其实，有的时候，许多烦恼都是自寻的。工作也好，生活也好，只要你不把期望值定得太高，把得失看得淡一些，有一点"阿Q精神"，在工作上谦虚一点，讲究一点方法，对别人的升迁和财运不忌妒，对别人的过失能宽容，就可以避免许多的烦恼的。

海德格尔说：诗人从跃动、喧嚣不已的现实中唤出幻境和梦。

在这方面，苏东坡老先生是我们的导师，他在一生中曾屡遭挫折，但他却能很乐观地对待。就是被贬至在京官谈之色变的蛮夷之地，也还能写出美丽的诗句，唱出“日啖荔枝三百颗，不辞长作岭南人”的千古佳句来。苏老夫子的潇洒我等鼠辈远不能及，我们从他这儿学一点生活态度，学一点精神风范，总是可以的吧。

焦虑像毒素，累积得越多，毒性就越大

你常有这样的感受吗？只要遇到一件倒霉事，一系列的倒霉事都会接踵而至，你一整天的心情都会被搞得乱七八糟。实际上，管理情绪的诀窍就在于不要让这种坏情绪堆积起来。焦虑就像毒素，累积得越多，毒性就越大，也许刚开始毒不死“蚂蚁”，可是到后来它能轻而易举地毒死“大象”。

我们先来看看斯潘一天的遭遇：

早晨：斯潘最烦下雨了，刚上了油的皮鞋会沾水，裤腿也会带上泥巴；穿西裤吧，刚买的名牌，舍不得在雨里蹚；穿休闲裤吧，白色的很快就会变脏。像这种毛毛雨，又懒得打伞，坐出租车却还要排队。接女朋友也不方便，晚去一会儿，利珀儿就会噘着嘴巴气跑了，然后几天不理他。斯潘躲在被窝里闹了一会儿心，焦虑天气糟糕透了！再一看表，慌了。

上班途中：公车站牌下雨伞林立，伞下一张张脸翘首以待。斯潘看看自己的名牌西服，决定坐出租车。好不容易一辆空车过来，立刻有人蜂拥而上。如是三番，斯潘开始焦虑自己没有车。终于上车了，刚一落座，一股凉意沁入屁股，扭身一看：喂，你这车上怎么有水啊！司机回头：下雨天能没有水吗？也不能有这么多啊！可能是刚才的乘客把伞放在车座上了吧。

斯潘憋了一肚子火，焦虑着：早知道还不如坐公车，白白糟蹋了我的新西裤。要怪只能怪这鬼天气。坐你的车就怪你！斯潘拿纸巾去蘸屁股上的水，湿漉漉的纸巾立刻粉身碎骨，斯潘甩着手，碎纸屑黏着手不肯掉。

真倒霉，别人放在车座上，我哪看得见……斯潘和司机焦虑了一路，窝了一肚子火，车一到站赶紧埋单下车。走到办公室才发现，司机没找零！坐了一屁股水，还白送了司机10块钱。斯潘那个气呀！

办公室：刚进办公室，同事就通知斯潘，企划方案没通过，退回修改。那可是斯潘熬夜后的心血，全企划室，也只有斯潘能拿得出这种像样的方案来，再修改，说得轻巧！不改！斯潘心里又委屈又气愤，决定搁到一边等头儿来找他。可是等了一天，头儿也没来。

下班：雨依然淅淅沥沥，天依然阴着，斯潘依然打不起精神来。突然想起下午忘了给利珀儿打电话，他们约好下午打电话然后决定晚上到哪里吃饭。一看表，6点了，赶紧打电话过去，办公室没人听，估计利珀儿早下班了。

打她手机，半天才接，传来利珀儿尖厉的声音："你脑袋被门夹啦？现在才睡醒？我已经跟别人约了！"啪，挂了电话。都怪这鬼天气！斯潘半天没回过神来。

瞧，焦虑情绪就是这样堆积起来的。当你遇到一件倒霉事，坏心情就上了身，如果没有及时地解决，又带着坏心情去处理其他的事情，自然会起连锁反应。心理学家研究表明，当一个人处于坏情绪之中时，下丘脑就会分泌出一种叫“多巴胺”的物质，这位“多先生”会让你的情绪越来越抑郁；当一个人高兴的时候，下丘脑就会分泌出一种叫“去甲肾上腺素”的物质，而这位“去先生”会让你的心情越来越舒畅。

因此，心理学家建议：当坏情绪刚刚冒头时，就立刻把它消灭掉，千万不要让焦虑的坏情绪堆积起来，不要让你的心情在“多先生”的感染中越来越糟。这就好比一路走一路丢掉身上的包袱，你会越走越轻松。

现在，让我们全面解析斯潘的情绪，帮他丢一丢身上的包袱。你会发现，是要“多先生”还是“去先生”，关键看自己的选择。

早晨：谁说阴雨天会带来坏心情？斯潘已经有了一个思维定式——下雨：坏心情，按照这样的路线走下去，心情能好得起来吗？这在心理学上叫“暗示”。斯潘不断地暗示自己，只要下雨，自己就会倒霉。好像失眠的人总说自己好失眠一样，所以总是失眠。斯潘可以去做一个调查：还有很多人特别喜欢下雨呢！下雨，可以听着雨打玻璃的声音安然入睡；下雨滤掉了马路上的灰尘、噪声，让空气清新起来；下雨，可以讨好女朋友给她送伞，和她共打一把伞，在雨中漫步，然后趁机搂住她的肩……换个角度看问题，阴雨天也会有晴朗的心情。

上班途中：不就是坐了一屁股水吗，庆幸的是没坐一个烟头、一摊油。

办公室：别人都不会做，唯独你会做，这不正好证明你比别人强？重要的方案不可能一次通过，退回来修改，又不是从头再来。积极的做法是，站起来，主动去敲头儿的门，问问清楚，究竟是哪些地方欠缺，怎样修改。主动和上司沟通，会让你心情舒畅、信心十足。

下班：一天的疙瘩全解开，也不会忘记女朋友的约会；即使忘记了也不要紧，再打一个电话过去，潇洒地告诉她：“我马上过去埋单！”

不把她乐死才怪!

所以，焦虑情绪并非是不可化解的，关键在于你要在它刚出现苗头时就将它们扼杀在摇篮里，不要等它们暗暗堆积，最后形成一股巨大的力量一起向你攻来，那时，即便你想反抗，也为之晚也!

焦虑就像毒素，累积得越多，毒性就越大，也许一开始它还毒不死一只“蚂蚁”，可是到后来，你会惊恐地发现它能轻而易举地毒死一头“大象”。但此时你如果想甩掉这些焦虑情绪，已经太晚了。所以，请尽早地解决这些焦虑，不要让它们堆积成山。

美国名人之一毕林斯先生，曾任全美煤气公司总经理达30年之久。他在任职总经理期间，给人留下最深刻的印象就是，他对于许多小事常常会焦虑而大发脾气，对于那些重大事情却反而镇静异常。

有一次，毕林斯乘车回家，下车时，把一盒雪茄遗落在车里了，不久他记起来，于是立刻反身去找，但雪茄早已不见了。这包雪茄的价值，不过是5美分，对他而言真可算是微乎其微的损失。但他竟因此而气得面红耳赤、暴跳如雷，以致旁观者都以为他失去的是一件什么珍贵的宝物。

后来有一次，毕林斯凭空遭遇了3万美元的损失，但他却反而镇定得若无其事。

那是全世界闹着经济恐慌的年代，毕林斯先生因为卧病在床，有好几天没有去公司办公。就在这几天里，有一家银行倒闭了，他凑巧在这家银行里有3万美元的存款，结果竟成了“呆账”。等到他病愈后，听到这个消息，却只伸手搔了搔头发，然后沉思了一会儿，便说：“算了，算了。”

实际上，遇到一些感觉不快的小事时，尽管发泄你的抱怨声，直到你的心境完全恢复平静为止。因为这样可以使你永远保持开朗镇定的情绪，使你一旦遇到大事发生，就可以用全副精神从容地应付。否则，不论事情大小，遇到令人恼火的事便积在心里，等到面临更大的打击时，你堆积多时的大小怒火，便如气球爆裂一样，冲破了理智的范围，使你变得毫无自制。除了将焦虑的怒火转移到小事上，你还可以将焦虑转移到其他方面，甚至转化成好心情。

杰瑞太太正在教她 5 岁的儿子劳斯使用剪草机，母子俩剪得正高兴时，家里的电话铃响了，母亲进去接电话。不一会儿，杰瑞太太出来后看到一幕惨剧：劳斯把剪草机推向她最心爱的郁金香花园，不一会儿，已经有两米长的花圃被剪掉了。

杰瑞太太看到这一切，青了脸。眼看她的巴掌已经高高地举起……忽然，杰瑞太太的丈夫迪尼也出来了，他看见满地狼藉的花圃，马上明白发生了什么事。迪尼小声、温柔地对太太笑道："亲爱的，我们现在最大的幸福是养孩子，不是在养郁金香，你说对吗？"两秒钟后，他们交换了一个微笑，一切归于平静。

事实上，转移焦虑的怒火只是轻而易举的事，你可以轻轻松松地做到，只要你有这样的积极态度和对生活的细心体验，你就不难发现转移焦虑的方法，并将它轻松地付诸于实践。

在漫长的人生旅途中，总有一段除了等待以外再也没有办法可以通过的阶段。人的能力是有限的，总会碰到好多事情，自己没有能力解决而无可奈何，为了更好地生存和发展，在这个阶段，我们必须等待。人生没有过不去的坎，遇到不顺利的事情，如果无法改变，我们就需要暂时的等待。

蛹只有经过等待破蛹，才能化为漂亮的蝴蝶。人生何尝不是如此呢？煎熬、磨炼、挫折、困难……这些都是成长的必然过程与代价。我们必须以平常心去看待等待，决不能因此而焦虑不已。只有经过等待，才能体会到快乐的来之不易，才能体会战胜困难的喜悦，才能变得更加坚强，才能更好地领会人生的意义。

要想吃到可口的果实，必须等到果子熟透；要想喝上醇香的美酒，也要有耐性等待漫长的窖藏。很多事情我们必须等待，心急如焚不行，拔苗助长更不可取。要知道，正是我们在长夜里甜蜜酣睡的时候，也许屋外的花蕾正竞相绽放，在黎明时分为自己准备了一份惊喜。

有这样一则寓言：

一条小河，此岸遍布荒草和荆棘，彼岸却繁花似锦，鸟鸣嘤嘤。此岸有几条毛毛虫，非常向往彼岸，它们抱怨它们的母亲为啥把它们生在这种鬼地方。蝴蝶母亲说："你们知道吗，出生在这边比那边更安全。要想到彼岸，一定要等到长大，现在还不是时候。"毛毛虫们都不以为然，只有一只例外。

一天，一个男孩在小河里游泳，出于好奇，游到此岸。几条毛毛虫迫不及待地落在男孩头上，想乘机到彼岸去。不想男孩返回时，在下水的瞬间，发现了头上的异样，三两下就弄死了那几条毛毛虫。

不久，彼岸又游过来几只鸭子，又有几条毛毛虫蠢蠢欲动，想借助鸭子到达对岸。尽管这种尝试异常危险，但它们还是瞅准机会，落在几只鸭子的身上。鸭子们起初并不知道。就在毛毛虫们暗自得意的时候，鸭子们发现了彼此身上的美味，接下来就是饱餐一顿。

尽管如此，剩下的毛毛虫对彼岸的向往并未消失，它们仍然在寻找机会。机会终于来了。一日，河里起了大风，风向竟是从此岸吹向彼岸。毛毛虫们纷纷爬上落叶。落叶顷刻就被风吹到河里，这正是它们想要的：以叶为舟，渡过河去。但不幸，风太大，那些树叶都被掀翻了，毛毛虫们都被淹死了。

那唯一听妈妈话的毛毛虫，慢慢长大，变成一只蝴蝶，飞过河，到达了美丽的彼岸。

确实，人生并非处处顺利平坦，不总是莺歌燕舞，常会伴随着几多不幸，几多烦恼。一旦遭遇不顺和困难，我们就需要慢慢等待，毕竟，胜利的喜悦和醇厚的美酒，都是需要时间的积淀才能享受的。

万事俱备，只欠东风。但东风并不是每天都会来的，更不会事先预约。在东风来临之前，我们能做的就是少安毋躁，耐心等待。

等待不是无所作为，而是为了有所作为，因此我们必须放弃等待中无所事事的埋怨，学会积极地等待，学会用等待驱散黑暗，用等待走出逆境，用等待迎接命运的每一次挑战。

激发自己的工作热情，这对你十分重要

随着现在的生活节奏越来越快，工作中人的压力越来越大，很多人刚参加工作还能保持高昂的热情，但是，随着日复一日重复的工作，慢慢的就会产生厌烦情绪，对工作提不起多少兴趣，只是为了完成任务而机械地执行公事。随着时间的推移，便会产生对工作的厌烦，自己的工作业绩也随之日渐下降。长期缺乏工作热情会让人变得经常焦虑，牢骚满腹，缺乏职业成就感，这会严重影响我们的工作之路。所以，在必要的时候激发自己的工作热情十分重要。

每天不知会有多少人把自己辛苦得来的新构想取消，因为他们不敢行动。过了一段时间，这些构想又会回来折磨他们。那么，面对这种情况我们该怎么办呢？其实答案是非常明显的，由于我们每天都要工作，可选择的态度只有两种：

一种是马克·吐温所说的，“我根本不用做任何工作就能谋生，我以书籍和杂志的写作工作为乐，对我而言这就跟打台球一样有趣”。

对他而言，工作根本不是在工作，而是一种乐趣，当工作已经成为自己的一种乐趣时，你还有什么可焦虑的呢？所以，马克·吐温写出了多部传世的作品。另一种态度则是当工作为日复一日的劳役，像西西弗斯王一样，每天推动着庞大的巨石滑落山谷，那时，你会被焦虑缠身。

曾有人向皮尔·卡丹请教过成功的秘诀，他很坦率地说："创新！先有设想，而后付诸实践，又不断进行自我怀疑。这就是我的成功秘诀。"19 世纪初的一天，23 岁的皮尔·卡丹骑着一辆旧自行车，踌躇满志地来到了法国首都巴黎。他先后在"帕坎""希亚帕勒里"和"迪奥"这 3 家巴黎最负盛名的时装店当了 5 年的学徒。由于他勤奋好学，很快便掌握了从设计、裁剪到缝制的全过程，同时也确立了自己对时装的独特理解。

皮尔·卡丹认为，时装是"心灵的外在体现，是一种和人联系的礼貌标志"。在巴黎大学的门前，一位年轻漂亮的女大学生引起了皮尔·卡丹的注意。这位姑娘虽然只穿了一件平常的连衣裙，但身材苗条，胸部、臀部的线条十分优美。皮尔·卡丹心想："这位姑娘如果穿上我设计的服装，定会更加光彩照人。"于是，他聘请 20 多位年轻漂亮的女大学生，组成了一支业余时装模特队。

后来，皮尔·卡丹在巴黎举办了一场别开生面的时装展示会。伴随着优美的旋律，身穿各式时装的模特逐个登场，顿时令全场的人耳目一新。

时装模特的精彩表演，使皮尔·卡丹的展示会获得了意外的成功，巴黎所有的报纸几乎都报道了这次展示会的盛况，订单雪片般地飞来。皮尔·卡丹第一次体验到了成功的喜悦。

这之后，皮尔·卡丹又把目光投向了新的领域。他在巴黎创建了皮尔·卡丹文化中心，里面设有影院、画廊、工艺美术拍卖行、歌剧院等，成为巴黎的一大景观。

那时巴黎有一家高级餐馆马克西姆餐厅濒临破产。由于这家餐厅建于 1893 年，历史悠久，当店主打算拍卖时，美国、沙特阿拉伯等国家的大财团都企图买下。皮尔·卡丹不想让法国历史上有名的餐厅落到外国人手上，于是，他用 150 万美元的高价，买下了马克西姆餐厅。

皮尔·卡丹将简单的用餐提高到一种生活享受的高度，不仅让客人品尝到驰名世界的法式大菜，同时也让客人享受到马克西姆高水平、有特色的服务。经过皮尔·卡丹的精心调治，3 年后，马克西姆餐厅竟然奇迹般地复活了，它不但恢复了昔日的光彩，而且影响波及全球。

从一个小裁缝走向亿万富翁，皮尔·卡丹创造了一个商业王国的传奇，而所有这一切都是他用每天工作 18 个小时的代价换来的。“我的娱乐就是我的工作！”在皮尔·卡丹的那间绿色办公室里，有一个地球仪，这个没有时间娱乐的大师也许可以从中数清楚他的帝国在地球上有多少个站点。他从中感到了一种巨大的满足，一种生活的乐趣。

皮尔·卡丹的成功源于他对工作的态度，他完全把工作当成一种娱乐，并陷于这种娱乐的欢乐之中。当你的生活和生命全部处于一种快乐中，你就不会再产生焦虑，那些对工作压力的焦虑，全部会消失殆尽。这种把工作当成乐趣的人，能够将喜悦传递给他人，使大家不由自主地接近他，乐于与他相处或共事，那他的周围便只剩下轻松与快乐了。

工作可以是最好的事情，也可以是最坏的事情，自由的工作好处良多，奴役性的工作糟糕透顶。

因此，人们一旦有了属于自己的土地，务农便是最愉快的工作。农民不断地从眼前的耕耘想到未来的收获，从劳作的开始想到劳作的继续。他萦绕心头的不是即将到手的金钱，而是靠自己的双手打扮起来的土地。驾着大车在自己铺设的石子路上自在行走是至高无上的乐趣。这时候，你不会有任何焦虑，因为工作的激情占据着你的心。

1889 年，约翰·沃纳梅克被任命为邮政总局局长。然而，他的成绩不光是邮政业，他还是美国历史上赫赫有名的商人，而且被称作百货商店之父，很多现代商业模式都在他的手中诞生和推广。比如，百货商品的“退货制度”，“顾客永远是正确的”，母亲节的推广也是他一手策划的。

年轻时，约翰·沃纳梅克每天都要徒步 4 公里到费城，在那里为一家书店打工，做着理货员的工作。那时，他每周的报酬只有 1 美元 25 美分，但他没有焦虑这些不公平的待遇，他只是勤奋刻苦地工作，他总是不等吩咐，就能发现工作。比如，最受欢迎的书，他会摆在最显眼的位置，有些书，需要和别的书联合阅读，他就把这些书放在一起。每当有人进到他的店里，他总是能尽快地发现来者的阅读兴趣，因此，他也非常受顾客的欢迎。他的工作理念就是自主安排工作，因为要去发现额外的工作，所以，这份工作总是带给他快乐，尽管表面上看，那很辛苦。这种精神让他的老板感动，后来，老板给他每周多加了 25 美分的工资。

约翰就是从这样的一个起点开始，没有抱怨，勤奋刻苦地工作，自主安排工作，不断地向上攀登，最终成为美国最大的商人之一，并受到哈里森总统的欣赏，总统因此而任命约翰为邮政局局长。

如果你只把工作当作一件差事，或者只把目光停留在工作本身，那么即使是从事你最喜欢的工作，你仍然无法持久地保持对工作的激情，自然也无法体会到工作中的幸福感和满足感，因此，焦虑会成为你工作中最大的烦恼。但如果你把工作当作一项事业来看待，能自主安排工作，那么情况就会完全不同了。

有这样一位少年时双腿便残废的男子，在后来的漫长岁月里，他非常宁静、幸福。他之所以会这么幸福，是因为他创作了一部长达五卷的关于玫瑰花枯萎病的专著。在人们眼里，他是这方面的第一流专家。

无独有偶，一位优秀的排字工，他是所有那些有志于创新字体的人的榜样。但是，他运用自己的技巧时获得的真正的快乐，远远高于那些有声望的人对他的尊重所给予的快乐，因为他的工作是自己的创造发明。

其实，事实就是这样。一旦对自己的工作充满了激情，你就会发现，事业是你最好的滋补品、最好的化妆品和最亲密的恋人，焦虑根本不在此行列中。

能自主安排工作的人，工作的激情总是最高，而工作的激情对于工作的成果非常重要。比尔·盖茨在被问及他心目中的最佳员工是什么样时，他强调了这样一条：一名优秀的员工应该对自己的工作满怀热情，当他对客户介绍本公司的产品时，应该有一种传教士传道般的狂热！

对职场中的人来说，能自主安排工作的人更受欢迎，工作的生命力也更长久。对于发个指令按动按钮才会动一动的"电脑"员工，没有人会欣赏，而且经常是被淘汰的对象。这类只知机械地完成工作的"应声虫"，老板会毫不犹豫地剔除。

但是，目前的职场中，能自主安排工作的员工还不多，他们大多数将工作仅仅当成一个养家糊口的、不得不从事的差事，谈不上什么荣誉感和使命感，甚至有很多人认为，我出力，老板出钱，等价交换，谁也不欠谁的，谁也不用过分认真。他们每天在茫然中上班、下班，到了固定的日子领回自己的薪水，高兴一番或者焦虑一番之后，仍然茫然地去上班、下班……

有句格言说得好："日出东海落西山，愁也一天，喜也一天；遇事不钻牛角尖，人也舒坦，心也舒坦。快乐是自己给自己的，只要你想快乐，没有人可以把它从你那里夺走，因此你要学会给自己快乐，每天微笑多一点，每天快乐就多一点。

PART 03

斩断焦虑思维，打破自我折磨的死结

感觉身心疲惫，就要及时放松

想要克制自己的焦虑心理，其实很简单，就是在工作中一旦感觉自己身心疲惫，就要及时地放松一下，下面具体来看看心理焦虑怎么办吧。

克制焦虑心理的 6 种方式：

1、放松方法

焦虑症会让人处于心慌、肌肉紧张、身体发抖等不良反应状态。进行身体放松可以减轻这些不适，让焦虑症得到缓解。进行身体放松可以通过深呼吸，有助于让紧张感消失，从而克服焦虑心理。

2、适应方法

对产生焦虑的对象要勇敢地面对，这是克服焦虑心理的最佳方法。焦虑者把某个害怕的情形分解成几个小目标，循序渐进，就可以逐渐适应这个情景，以后面对它不再焦虑。

3、注意休息

适当地多休息可以使身体得到轻松，减轻心理的焦虑。平时要注意保证充足的睡眠。记得睡前洗个热水澡，这样对你的睡眠质量会更有帮助。

4、倾诉方法

轻松是解决心理焦虑的一种好方法，通过倾诉可以把我们内心的想法都表达出来。让被倾诉者成为你的支持者，帮你渡过难关，远离焦虑。

5、保持乐观

对自己充满自信，会让我们面对各种困难都能够克服，从而化解心理焦虑。当你缺乏自信的时候，不妨进行自我暗示。

6、转移注意力

如果觉得最近心烦，可以通过转移注意力来使身心松弛，让你暂时缓解心理压力。转移注意力可以听听音乐、户外走动等。

预防焦虑症要注意这几点：

1、别在办公室吃午餐

社会节奏的加快，很多上班族都是在办公室吃的午餐。但研究表明，在办公桌前吃午餐会使人紧张、缺乏创造力。因此，建议大家午饭一定要到食堂或餐馆吃。

2、别把体重看太重

体重增加会让很多人不开心，但许多研究表明，微胖是健康又有魅力的身材。日本一项研究显示，40 岁时体重稍微超标的人能多活 6~7 年；英国一项调查发现，87% 的男人更喜欢曲线优美、丰满圆润的女性。所以，别再为体重问题烦恼了。

3、休息时离手机远点

到公司突然发现没带手机，这是许多人的“噩梦”。2012 年的一项研究显示，73% 的美国人会因手机没在身边而焦虑。因此，不妨试着远离手机这个“焦虑源”，尤其是在休息的时候。其实，读本书，看个电影，做手工，甚至做顿饭，都比玩手机更愉悦，工作时效率也会提高。

4、想吃啥就吃啥

许多人听朋友说吃素好，自己就一口肉都不吃。可吃不到想吃的东西，心里会纠结、郁闷。每个人的饮食习惯不同，别人的菜谱不一定适合你。现代心理学认为，想吃的就是身体需要的。因此，别听朋友的建议，想吃啥就吃啥。当然，记住别过量。

人生就是一场修行，学会用心去看世界

山有山的高度，水有水的深度。人生就是一场修行，注定会经历千回百转。在这样的状态下，我们要学会自我解脱，因为这样才能自我超越，学会用心看世界，让自己更清醒、明白，看清事物的本来面目。

当一个人陷入困境时，而别人又不能宽慰你什么，有时候也许别人的宽慰反而激起更大困扰。那么就请你站出来转换一下自己的角度，不要在一个地方老是垂头丧气。适当地给自己找一些理由安慰自己，帮助自己走出低谷，或许你的心情会愉快起来。

生活是一步一步向前走，而我们又总是在记忆、遗忘当中生活。许多人对自己总是记不住东西而忧心忡忡，可是他们忘了，生活在这个星球上，遗忘是确确实实存在的。我们没有必要因为容易忘记事情而烦恼。

一个人如果真的可以百事不忘，甚至于可以记下一切，那我想这个人可能会觉得更加的痛苦。人既然生活在地球这样一个球形体上，总避免不了与他人交往，而交往当中又难免会滋生出不少的烦恼。

某人在他 23 岁时由于被人陷害，在牢房里待了九年，后来冤案告破，他终于走出了监狱。出狱后，他开始了常年如一日地反复控诉，咒骂："我真不幸，在最年轻有为的时候竟遭受冤屈，在监狱里度过本应最美好的一段时光。那样的监狱简直不是人待的地方，狭窄得连转身都困难。唯一的细小窗口里几乎看不到阳光，冬天寒冷难忍，夏天蚊虫叮咬……真不明白，上帝为什么不惩罚那个陷害我的家伙，即使将他千刀万剐，也难解我心头之恨啊！"

73 岁那年，在贫病交加中，他终于卧床不起。弥留之际，牧师来到他的床前："可怜的孩子，去天堂之前，忏悔你在人世间的一切罪恶吧……"牧师的话音刚落，病床上的他声嘶力竭地叫喊起来："我没有什么需要忏悔，我需要的是诅咒，诅咒那些给予我不幸的人。"牧师问："你因受冤枉在监狱里待了多少年？离开监狱后又生活了多少年？"他恶狠狠地将数字告诉了牧师。

牧师长叹一口气："可怜的人，你真是世上最不幸的人！对你的不幸，我真的感到万分同情和悲痛！他人囚禁了你区区九年，而当你走出监狱本应获取永久的自由的时候，你却用心底的仇恨、焦虑、诅咒囚禁了自己整整 41 年！"

用别人的错误来惩罚自己，非但不能减轻痛苦，甚至会使自己陷入痛苦的深渊而不能自拔。人生在世不可避免地会犯错误，我们何不宽容一些，原谅别人，不仅使别人得到解脱，自己也可以摆脱心中的"魔鬼"。

如果要想从不和谐氛围中求得和平团结，那最好的办法就是忘记曾经发生过的事、发生过的一切不快乐，让交往重新开始。不过有时候人真的很倔，许多事情就是无法从脑海当中抹去。那么就让自己平静下来，打开 CD 或任何可以播放音乐的设备，通过音乐调节自己疲愈的心灵。我记得有一位钢琴演奏家说过，音乐对身心有一种另辟佳境的特殊功效。

放一放音乐，尤其是自己喜欢的音乐，在陶醉当中自会有一番情调，宽广、深厚的旋律会消除你沉闷的心情，让你忘记许多本不该太多的烦恼。

在这个时候，你再设身处地地为别人想想，会发现许多事情可能都是由一些不能宽容别人而使自己心里沉积了太多的不平衡所导致。宽容，其实就是给别人机会，给自己快乐，岂不是两全其美？让自己的心胸开阔，烦恼便会消失殆尽。

面对着现在求职的困难，有人会说，生活就是不公平。确实的，机遇对每个人来说并非是平等的，有时候眼看着到手的机会就那样从自己的眼皮底下滑过，不免会自责、追悔。可是要知道，机会是不断有的，错过了一次，只有让心平静下来，积聚力量去等待。

学会放松自己、学会自我解嘲，把自己从烦恼中解脱出来。让自己更大程度地快乐起来，更大程度地去领略生活当中的情趣，去品尝生活当中的丝丝甜蜜。

学会放松自己，不是在活动的形式上，而是在心态上。有人认为放松自己就是不工作了，就是少用脑，就是找些娱乐，诸如去旅游、去跳舞、打牌、打麻将等等。其实，放松自己是在心理上放松，而不是在形式上。如果形式上放松，心理上没有放松，还会在娱乐中紧张自己。打牌时，就会在乎自己的手气好与不好，就会怨手中的牌不好，就会责怪对方配合不好。旅游时，还没有到目的地就开始算计，这趟所花的钱多了、少了，担心会不会遇上车祸，怀疑司机的开车技术，结果就变得紧张了。

学会放松自己首先是在心态上放松，而不是形式上。也就是说，既然是在放松自己，娱乐时，就不要斤斤计较身外之物的得与失，多与少。即使在工作中，也可以放松自己。工作就是工作，专注、执着，不要有过多的私心杂念。工作也好，娱乐也罢，欲望少一点，小一点。能够这样，就是在放松自己。不要以为工作中就不能放松自己，不要以为放松自己只有一个玩字。马克思放松自己有时候竟然是做数学题。不论是工作，还是娱乐，放松自己贵在心态的调整。

一个人，学会了放松自己，就能少触碰疾病隐患。有了一个相对好的身体，才能做好自己想做的事，才能工作好、生活好。

适应世事无常，做出相应调整

在我们的生活中每天都会有新鲜事物出现，这些新鲜的事物真真正正地会影响我们的生活方式。如果我们对新的生活状况无所适从，不能正确应对就会陷入困惑之中难以自拔。世事变化本无常，人应该学会适应变化，并对变化做出相应的准备和调整。

每个人身上都有无穷的潜能，而所开发的只是其中很小的一部分，很多人直到临终未必知道自己还能做什么、什么才是自己最拿手的。因此，从某种意义上讲，生活的每一次变化，恰恰是一次挖掘自己、证明自己的良机。人生原本就是一个变幻莫测的过程，与其怨天尤人，何不用心去享受和体味每一次变化带来的挑战和乐趣呢？

有一个人在社会上总是落魄，不得志，便有人向他推荐智者。

他找到智者。智者沉思良久，默然舀起一瓢水，问："这水是什么形状？"这人摇头："水哪有什么形状？"智者不答，只是把水倒入杯子，这人恍然："我知道了，水的形状像杯子。"智者无语，又把杯子中的水倒入旁边的花瓶，这人悟然："我又知道了，水的形状像花瓶。"智者摇头，轻轻提起花瓶，把水轻轻倒入一个盛满沙土的盆。清清的水便一下融入沙土，不见了。

这人陷入了沉默与思索。

智者低身抓起一把沙土，叹道："看，水就这么消逝了，这也是一生！"

这个人对智者的话咀嚼良久，高兴地说："我知道了，您是通过水告诉我，社会处处像一个个规则的容器，人应该像水一样，盛进什么容器就是什么形状。而且，人还极可能在一个规则的容器中消逝，就像这水一样，消逝得迅速、突然，而且一切无法改变！"

这人说完，眼睛紧盯着智者的眼睛，急于得到智者的肯定。

"是这样。"智者拈须，转而又说，"又不是这样！"

说毕，智者出门，这人随后。在屋檐下，智者俯下身，手在青石板的台阶上摸了一会儿，然后顿住。这人把手指伸向刚才智者手指所触之地，他感到有一个凹处。他迷惑，他不知道这本来平整的石阶上的"小窝"藏着什么玄机。

智者说："一到雨天，雨水就会从屋檐落下，看，这个凹处就是水落下的结果。"

此人遂大悟："我明白了，人可能被装入规则的容器，但又像这小小的水滴，改变着这坚硬的青石板，直到破坏容器。"

智者说："对，这个窝会变成个洞！"

通过这个故事，也许可以更深地理解，《谁动了我的奶酪》一书的作者斯宾塞·约翰逊博士给我们的忠告："因害怕变化而否认和拒绝变化，这会使事情变得更糟。"

我们每个人的内心都会有想要的奶酪：事业、家庭、爱情、朋友等等，我们追寻它、渴求它，因为它会带来幸福和快乐。一旦得到了自己梦寐以求的奶酪，我们又常常会对它产生依赖心理，甚至成为它的附庸。这时如果突然失去它，或者奶酪被人拿走，我们会感到受了莫大的伤害。然而，不管多好的奶酪，都会随时间变化而变化，特别是在这个日新月异的时代。面对突如其来的变化，有人选择焦虑，有人选择浮躁，有人选择等待，但我们是否想到选择积极适应？

毕业生小王签了个不错的外贸公司，可是去实习后却很不能适应，小王说之前更多的是和课本进行交流，在老师的布置下做实验写作业，可突然间要与许多人接触，独立承接业务单，“别人都把她当大人看了”，她感到不知所措，小王还很担心“言多必失”，在单位话不敢说事不敢做，每天神经紧张甚至经常失眠。结果实习不到一个月，掉了好几斤肉，人也变得郁郁寡欢。

不懂得如何与同事沟通当上独行侠，成天担心做错事说错话而三缄其口，临近毕业的大学生在毕业关口却患上了“失语症”。目前，不少高校毕业生已陆续开始在签约单位实习，但不少准上班族因为面临角色转换而难以适应，以至于他们整天忐忑不安，原本开朗的性格也变得沉闷起来。

大学生在学校所接受的几乎全是正面的、健康的教育，所以其世界观、人生观和价值观的形成和发展都是比较顺利的。但是，由于他们的社会阅历比较浅，所以对社会、对人生价值的认识上往往表现出较为理想化倾向。在现实社会中，尤其是面对社会不良现象时，他们既看不惯，又无能为力，经常感到困惑和迷茫，很难使自己理想化的观念与现实社会达成一致，表现出理想与现实的冲突，以及理想化的行为习惯与职业角色要求之间的矛盾。因此，毕业生要充分认识和认真对待这些矛盾和冲突，大胆面对现实，努力克服不适应的因素。

NBC 著名电视节目主持人查理 · 琼斯早期专门报道奥运会中的田径项目，干得非常出色。突然有一天，老板告诉他，下届奥运会将派他去报道游泳和跳水。听到这个消息，琼斯既吃惊又难过。因为他对这两个项目完全不熟悉。后来，他尝试着适应变化，下功夫熟悉游泳和跳水。结果他惊奇地发现，原来在新的岗位上可以做得更好。老板也发现了这种变化，于是交给他更多富有挑战性的工作。后来，琼斯成了美国“职业足球名人堂”最佳播音员之一。

还有则寓言说：一只鸟儿单独栖息在沙漠中的一株枯树上，这是它唯一的栖身之所。有一天，骤起的风暴刮倒了枯树，可怜的鸟儿悲痛不已，只得飞到百里之外寻觅栖身之处。来到一片森林后，它发现原来这才是真正的天堂。

一位成功学大师说：“历史上的伟人，第一等智慧的领导者，晓得下一步是怎么变，便领导人家跟着变，永远站在变的前头；第二等人是应变，你变我也变，跟着变；第三等人是人家变了以后，他再以比别人变得还快的速度追上去，并超越人家。”在残酷的现实面前，只有适应环境的人，才能更好地生存，甚至如鱼得水；而只知焦虑环境恶劣的，却不去积极适应它。只有适应了，才能改变，让自己以积极向上的态度对待工作、对待生活、对待人生。

不要因为角色转变，而产生焦虑的情绪

当你的生活中出现多个角色时，你是否有想过是你在演绎他们，是你把他们演绎得活灵活现。其实每个人都不想有很多的身份、角色，怎么来演自己的角色全靠自己把握。当你的人生角色出现转变时，也不要因为角色的转变而产生焦虑的情绪。前越南主席胡志明有一句名言“处事从容日月长”。它不仅有着深邃的人生哲理，而且蕴含着健康快乐的奥秘。

从容概括为舒缓、平和、泰然、大度、恬淡之总和。人生需要从容。每个人都是自己生命之舟的主人，当你驾驭生命之舟时，不可能总是一帆风顺，必然会遇到滚滚激流或惊涛骇浪，这就需要从容把舵，战胜艰难险阻。只有这样，才能创造美好的人生。

从容是一种人生修养，那些在人生道路上经历坎坷却仍然从容对待，不断取得成就的人，使人不禁油然而生敬意。

一家高科技企业老总在接受访谈时，曾动情地说：“我要说说我

的四个10年。那是个不断寻找，不断变化，再不断重新追寻的过程。有得有失，有苦有乐。我看重的是这个过程，追寻梦想比实现梦想有意义得多；寻求变化比因循守旧、一成不变刺激得多。人生就是要经历这样的过程，否则就枉在人世间走一遭。”

这位老总在他19岁时，就响应号召，奔赴遥远的北国边陲扎根种地当农民，充满豪情地寻找当时他心目中的“奶酪”——革命理想。他深入研读《资本论》《毛泽东选集》；他主持的一个知青写作小组，给权威的报纸、杂志写政论性的文章，写文艺评论，写通讯报道，写小说、诗歌，最后写出了名，《人民日报》《光明日报》《人民文学》都要调他去……大大的“奶酪”在等待他，但他放弃了。

当时他心目中的“奶酪”是种地当农民，后来他回忆说：“当时的放弃，是盲目的、无知的，却是最纯粹的，没有想过放弃之后想要得到什么，没有权衡利弊的挣扎与失落。”

他在当地的一所只有几个班的中学教书，教数学、语文、英语、体育，甚至音乐。他能弹手风琴、电子琴，吹口琴；他会打篮球、排球。1977年恢复高考，他以全地区总分第二的成绩报考上海复旦大学文艺评论专业。结果因为某些政治原因，被取消了录取资格。这是一次充满希望的寻找，却眼看着到手的“奶酪”被人毫不费力地拿走了，并被冠以冠冕堂皇的理由。这前后一折腾，正好是第一个10年。

后来，他回到上海，在一所中学总务部门管管全校的桌椅板凳、窗帘和日光灯，修修厕所里的抽水箱。一日，他跑到校长室，要求能允许他进教室听其他老师上课。那年，他已经29岁。后来回忆起来，他说：“自己那是在争取新‘奶酪’，不过当时不很明确，只知道我能当老师，而且比许多人都干得好。”

反正后来他就慢慢成了教研组长、教导主任，直至有一天校长找他谈话，告诉他已把他列为第三梯队副校长的人选。

而就在此时，他准备走了，去寻找他的新“奶酪”。这一段经历，也正好是第二个十年。

他的新“奶酪”其实很小，味道也不怎么样——一张没有刊号的专业小报，就他一个光杆司令，一张办公桌，一平方米的办公空间。他为此奋斗了第三个10年，结果把这块“奶酪”做得很大很大，生出了子报，养了一大帮子人。

正当人人都喜不自胜地享受着“奶酪”的美味时，他却一直在给自己敲警钟，他说他经常感到这块大家赖以生存的“奶酪”或是“蛋糕”的味道已经不对了，它似乎开始变质了，因为想拥有它的人太多，而这些人并非在想如何才能为它创造更多的利润。所以，他打定主意，从现在起，他要时刻保持警觉。他要期待着发生变化，而且要去主动追寻变化。他应该相信自己的直觉，并做好了准备去适应这些变化。

变化终于来了。他转眼成了一家高科技股份制企业的老总，当了名副其实的老板。不过，他并不讳言这个变化对他来说是巨大的，去适应它是艰难的。因为相比以往的三个10年，他必须放弃更多的东西，一些常人看来可能一辈子也得不到的东西——地位、荣誉、高薪、职务、安稳、人际关系网……最重要的是，放弃你一手创造的东西。不过，这仅仅是一种思维，另一种思维是这样的（而他采用的恰恰是这一种）：朝新的方向前进，你会发现一个崭新的天空，摒弃原来国营单位的一切弊端，完全可以按照自己的想法实施的崭新的模式。换句话说，就是行与不行，都在你自己，没有任何客观理由。他雄心勃勃地又给自己准备了10年的时间，再一次闯荡一番。因为他发现那些他曾经觉得是最美好的时光，其实正是他一个人艰苦奋斗，寻找成功与梦想的时候。

这位老总的故事诠释了这样一个道理：船停泊在港湾是安全的，但船的用途并不在于此。人如果躺在地上，就不会跌倒，但这也并非人活着的目的。有一首诗这么写着：“坟墓是幽静的地方，不受干扰；但我想：没有人愿意在那里休息。”人生在世，就是要去体验。只有勇敢迈向未知的领域，才能领悟生命的真谛；尝试未曾做过的事，才能学到经验。

人生舞台上．每个人都扮演着不同的角色，不论卑贱高低，不论美丑，都应该坦然面对自己的角色，相信每一个角色都是经过上帝精心挑选的，我们只能心怀感恩地接受，并善待自己的角色。不要因为觉得卑微而自暴自弃，要相信，每一个生命都有它特殊的使命和意义，不要因为身份高贵而目中无人，要懂得，上帝赋予尊贵也有它必然的使命。

夸大别人的能力，是伤害自我的武器

很多人有这样的困惑，我很自卑，因为我怎么怎么着，有了这样的心态，就总会焦虑自己没有钱，长得丑或是与人相处难，以及自己的愿望没有达到等。

其实自卑是许多悲剧的根源，人们会因为自卑而将自我置于别人之下，先比较，然后批判自己，无限夸大别人的能力，这种夸大又反衬出自己的渺小，这是伤害自我的致命武器。我们会觉得自己各方面都不如人，有各种各样的缺点和不足，而别人却完美无瑕。也许他们本来极为优秀，但在内心里却轻视自己。他们内心焦虑不安，没有自己的主见，用别人的判断标准扼杀了自己的信心。这样就缺乏对生活的勇气，不敢与强大的外力相抗衡，让自己在痛苦的陷阱中挣扎。

“我的地盘我做主！”每个人的生活都是一个色彩地带，但要想真正成为多彩生活的主宰者，你需要时刻肯定自己，任何时候，当你调换手中的遥控器时，需要让心灵的视窗选择自信的频道。

美国哲学家拉尔夫·爱默生说："肯定自己是成功的第一秘诀。"人生的关键在于肯定自己，然而，有太多的人不敢相信自己，常常怀疑自己，甚至陷在过去自卑的泥淖中，从而迷失在生活的迷雾中。

其实，每个人都是不完美的，也许你没有值得骄傲的成绩，或许你有自卑的过去，但你要相信你自己，你的身上肯定具有别人无法企及的优点。其实，只要你保持一份自信的心，对自己充满信心，懂得肯定自己，谁也阻止不了你因此而获得的精彩人生。

当我们遇到困难时，我们常常会想，这时候要是出现一个救世主，帮我们脱离苦境就好了。很多人都在这份幻想中沉沦，但救世主却一直没有出现。于是，只能在困境中挣扎。其实，处于困境之中时，只有你能够使自己摆脱困境，只有你能够救自己，你就是你自己的救世主。

当然了，当一个人遇到不如意的事情时，希望能有一个救世主，把自己从困境中摆脱出来。这种想法自然是可以理解。然而，每个人的命运都是掌握在我们自己手里的，我们每个人的手里都握着自己的生杀大权，你是想要快乐和幸福，还是在焦虑和困苦中度过一生，都取决于你自己的双手。

曾经有这么一个人，把自己多年的积蓄以及全部财产都投资到一种小型制造业上。原本想从此能脱贫致富，让老婆孩子过上好日子。然而，初次经商的他对变化无常的市场把握不当，再加上原料价格不断上涨等原因，他的生意一直不顺，经常亏本，最后，企业经营不下去，破产了。

由于他妻子从原来的单位下岗了，他的企业一破产，他的家庭一下子失去了经济来源。并且还欠下了好多债务，处于绝境之中的他，对自己的失败、对自己那些损失无法忘怀，毕竟那是他半辈子的心血和汗水。好几次，他都想跳楼自杀，一死了之。

一个偶然的机会，他在一个书摊上看到了一本名为《怎样走出失败》的旧书，这本书让他受到了巨大的震动，给他带来了希望和重新振作的勇气，他决定找到这本书的作者，希望作者能够帮助他重新站起来。

当他找到那本书的作者，讲完了他自己的遭遇，那位作者却对他说：“我已经以极大的兴趣听完了你的故事，我也很同情你的遭遇，但事实上，我无能为力，一点忙也帮不上。”

他的脸立刻变得苍白，低下了头，嘴里喃喃自语：“这下子彻底完蛋了，一点指望都没有了。”

那本书的作者听了片刻，说：“虽然我无能为力，但我可以让你见一个人，他能够让你东山再起。”

他立刻跳起来，抓住作者的手，说：“看在老天爷的分上，请你立刻带我去见他。”

作者站起身，把他领到家里的穿衣镜面前，用手指着镜子说：“这个人就是我要介绍给你的人，在这个世界上，只有这个人能够使你东山再起。除非你坐下来，彻底认识这个人，否则你只有跳楼了。因为在你对这个人没有充分认识以前，对于你自己或这个世界来说，你都将是没有任何价值的废物。”

他站在镜子面前，看着镜子里的那个满脸胡须的面孔，认真地看着。看着看着他哭了起来。

几个月之后，作者在大街上碰见了这个人，几乎认不出来了。他的脸不再是几十天没刮的样子，脚步也异常轻快，头抬得高高的，衣着也焕然一新，完全是一个成功者的姿态。

他对作者说：“那一天我离开你家时，只是一个刚刚破产的失败者。我对着镜子找到了自信。现在我又找到一份收入很不错的工作，妻子也重新上岗，薪水也很可观。我想用不了几年，我就会东山再起。”他还风趣地对作者说：“也许再过几年，我再去找你，就会给你一份报酬，你应得的报酬，因为正是你介绍我认识了我自己，使我对人生又充满了信心。”

是啊，自己才是自己的救世主。其实，弱者与强者之间，成功者与失败者之间的差距，有时候仅仅因为一个人的意志力发生变化。人生被改写，乾坤被扭转，有时候就是因为信心的不同。

要知道，生命是有限的，然而希望却是无限的，只要我们每天都不断地肯定自己，不忘给自己一个希望，给自己一个目标，给自己一点信心，我们就一定会拥有一个丰富多彩，阳光灿烂的人生。

这个世界是由自信心创造出来的，自信是快乐与成功的秘诀，充分的自信和坚忍不拔的声音，是事业取得成功的一个重要条件，请相信自己，克服自卑，做最好的自己。当你遭遇人生困境时，请不要泄气，相信你自己能够成为你自己的救世主。一旦有了意志和信心，就能战胜自身的各种弱点，就能战胜各种人生困境，向着目标进发，取得最终的胜利！

悦纳自己，对人生有着重要的意义

我们是否喜欢自己、认同自己、悦纳自己，对于我们的人生有着极其重要的意义。当一个人能够认同自己，悦纳自己时才不会和自己有疏离感，不会自我矛盾冲突不断，才能够和自己建立和谐的关系。处理与自己的关系完全不同于处理与他人的关系。

悦纳自己，顾名思义就是愉快地接受自己。不过，这个愉快地接受需要我们一分为二地看待，悦纳自己并不是要敝帚自珍，全盘肯定自己。悦纳自己有两个层面：一、肯定自己的优点；二、正视自己的缺点。

拿破仑外出打猎，刚走到一条河，就听到一个落水者在呼救。拿破仑见他在水中扑腾，但却不往岸边来，而是马上举起猎枪瞄准他，说："喂，你要是再呼救，而不向岸边爬，我就开枪打死你。"那人听了，吓得忘记自己不会游泳，使劲用力向岸边游来。经过多次挣扎，那个人终于靠自己的力量爬到岸上。一上岸，他气愤地责问拿破仑："你为什么见死不救，还要开枪打死我？”拿破仑从容答道：“我不吓唬你，你自己还不照样在水中淹死。现在你至少懂得：一个人可以自己救自己。”

这个故事，可以给我们一些思考：如果不用枪瞄准落水者，那落水者的后果怎样？大家肯定会说，如果岸上的人不去救他，他肯定会淹死——因为他不会游泳。那个落水者一开始为何只在水中扑腾，但却不往岸边来呢？因为他对自己救自己没有自信，他照常人的思维方式去思维：不会游泳，怎么能爬上岸呢？后来又怎么能爬上岸来的呢？拿破仑的枪口激发了他求生的欲望，也激发了他的自信——一定要逃离枪口，否则将被打死，他的本能和自信，使他爬上了岸。这里拿破仑的一句话很有道理：“现在你至少懂得：一个人可以自己救自己！”一个人要相信自己的能力，对自己要充满信心 .

肯定当下的自己会使你创造奇迹，古往今来，每一个伟大的人物在其生活和事业的旅途中，无不是以坚强的自信为先导。拿破仑就曾宣称：“在我的字典中，没有不可能的字眼。”这是何等豪迈的自信。正是因为他的这种自信，激起了无比的智慧和巨大的能力，才使他成为横扫欧洲的一代名将。

所以说，肯定自己才是成功的起点。你的人生能否获得成功取决你是否懂得肯定当下的自己，是否善于发现自己的优点。

其实，只要你勇于展示自己的智慧和风采，懂得肯定当下的自己，你就会发现，你完全没有必要仰视别人。青松有青松的挺拔，梅花有梅花的品格，翠竹有翠竹的清韵。所以，肯定自己，认清自己比注视别人更重要。生活所需的不只是自谦更应有自信。

威廉·詹姆士说：“一般人只使用了他心智能力的 10%，大部分人并不了解自己有些什么才能，与我们应该取得的成就相比，其实我们还有一半以上没醒着。我们只用了我们能力的一小部分。人往往活在自己所设的一个有限的空间里，我们拥有各种各样的能力，却不能成功地运用它们。”

所以，即使你现在过得不是很如意，也没有取得什么成就，但只要你用一颗肯定自己的心重新审视自己，你就会发现你拥有一方坚实的土地，拥有属于自己的一切。你虽是沧海一粟，但你的存在，就足以显示你的时代风情。不必追求时尚，更不必追求时髦，你就站在属于自己的位置，不断展示你内心的缤纷世界，给周围以绮丽，给日子以诗意，给空气以清新。

汤尼·布朗是个著名的专业摄影师，作品经常出现在国家的报纸和许多杂志上。他对生活的态度与他的作品一样，影响着很多人。然而他现在乐观、积极的生活态度与他多年前经历的一件事情密切相关。他回忆道：“那件事情发生在20年前。我的工作不顺利，家庭也有问题。有一天下午4点左右，我走在市中心的街上，要去一个客户那儿做简报。突然，我听见一长声喇叭和一个女人的尖叫声，我抬起头看见一辆车正往我面前冲过来。

“一切仿佛是慢动作一般，我呆呆地站在那儿，充满恐惧地望着冲向我的车，我脑子快速闪过……完了！我死定了！就在这千钧一发之际，我感觉有人抓住我把我往后猛拉。几乎就只差几厘米了，我甚至还感觉到车子擦过我的外套。差一厘米我就会被撞到了，那肯定必死无疑。我转过身，惊魂未定地看着那个救了我一命的人，是一个矮小的中国老人！

“我真是被那个意外吓倒了，全身发抖地坐在路旁的椅子上。”布朗先生继续说：“那个中国老人也走过来坐在我旁边，还关心地问我伤着没有，我说我还好。‘好险！’他说。我说：‘我知道，谢谢你救了我一命！’我解释说我过马路时有点心不在焉，他说：‘在我的国度里有一个说法：安身立命，活在当下！’人的一生不应当时时被烦恼环绕。”

“在那一瞬间，我觉得我发现生活的秘密。秘密不是那一刹那，而是‘活在那一刹那’。快乐不是花几年、几个月、几个礼拜，甚至几天去找来的，它是从活在当下里面找到的。”

是的，就是要活在当下，把握好今天。相信自己，肯定自己，肯定当下。

只要你认为可以，就是可以！没有什么能阻挡你的步伐。所以，请不要把你自己主动装进世俗的套子里，不要经常拿自己与别人相比，要懂得发现自己的优点，相信你自己总有某一方面达到了别人无法企及的高度。

当人们经历得多了，可能就慢慢淡定了。猛然发现：哦，人生其实就是那么回事儿。再大的波浪回过头看可能也就是一朵朵小浪花，成为日后的怀恋。苦辣酸甜，本是人生常态，不要太贪吃，每种味道都有它们的美妙，始终保持这种平和的心态，风浪再大，不要迷失自己，不要怀疑人生，雨过就会天晴。肯定当下的自己，活在当下！让自信伴着你一生，站着是一棵树，倒下是一捆柴，完整时给人启示，粉碎时照亮别人。

每个人都有着属于自己人性的弱点

在我们的生活中，每个人的生活环境不一样，受的教育也不一样，自然就有了千差万别的世界观和思想，存在不同的观点，不同的主见，其实本来就很正常。所以每个人都有着属于自己人性的弱点。喜欢钻牛角尖、喜欢激动、喜欢争吵、喜欢谩骂……凡是属于人类这个群体特有的一切弱点，其实在我们每个人身上都或多或少地存在与保留。

凡事太较真儿，斤斤计较别人的一言一行，眼里只看到别人的缺点而看不到优点，对朋友的某次疏忽耿耿于怀，与人论短争长，总想报复一下得罪过自己的人，或者有负于自己的对手，势必引起人与人之间不必要的纷扰、争斗、纠葛、矛盾、麻烦、倾轧、排挤、是非，让自己活得很不自然，很不舒服，以至于长叹：做人真累！

有一本书——《瞬间感悟》，里边说了一个故事：很久以前，有一个未婚的村姑，生下一个孩子。在当时的那个时代，未婚女子生孩子，简直就是一种罪恶。于是掀起了轩然大波。村姑在家人和村民的逼问下，不得不说了谎话，言称孩子的父亲是后山寺庙里的老和尚。于是村里的所有人都跑去寺庙，要和尚收养下那个孩子。和尚很诧异，问了一句话："是这样的吗？"于是，就什么也没说，把孩子收养了下来，并叫寺庙里的其他和尚好好地去抚养这个孩子。很多年过去了，村姑一直在心里承受着自责，终于有一天实在无法再承受这心理压力时，带上全村的人来到寺庙，当众说出了事情的真相，并对当年被冤枉的老和尚道歉，可老和尚还是只说了一句话："是这样的呀。"

其实这是一个很平淡的故事，但却说明了一个道理，那就是：时间会说明一切，很多事情不需要解释，也不需要去争出个是非曲直，争出了结果又怎样呢？所有的人还是该怎么生活就怎么生活。不是吗？生活中，每个人都有自己的轨道，你有，我有，他也有，我们谁又能有本事去改变别人的固有轨道和生活呢？所以我们应该做一个随遇而安的人，随遇而安是一种智慧的生活态度，它可以使人保持一颗平静的心，使人能够理性地去看待生活和工作中的得与失。一个随遇而安的人，做事独立、自我，但不偏激，行事不过头。

我们应该学会认同，认同别人的存在，学会宽容，宽容别人的错误，随遇而安地生活。毕竟每个人的生活方式都不同。而正是因为这许多不同的生活方式，才形成了形形色色的人，才有了千变万化丰富多彩的社会……人总是处在一种认同的状态，只是认同的对象改变而已。某个人称赞你一下，你就觉得飘飘欲仙，然后你遇到另一个人，他对你恶言相向，你马上火冒三丈，气呼呼地还以颜色。你的情绪完全受制于别人，别人说你好，你就满足；说你不好，你就不满，谁都可以影响你、左右你，为什么你要如此认同别人呢？

事实上，别人要怎么想、要怎么说、要怎么认为，那真的不关你的事，因为脑袋是长在他的头上，你能怎么样？

有个校长修养非常好，即使别人用再难听的话羞辱他，他都无动于衷。

有位老师忍不住问道："你怎么能不生气？这有什么秘诀吗？"

"这并不困难，"校长笑说，"如果有人寄封信给你，而你不打开，你还会受到信的内容影响吗？"

别忘了，一个巴掌是拍不响的。如果你不跟别人争"是非"，又怎么会惹上"是非"呢？正如跳探戈也要有伴才行，如果你拒绝跟着起舞，问题自然消失。

美国拳王乔路易在拳坛所向无敌，有一次他与朋友开车一同出游，车子行驶间，因前方有状况使他不得不紧急刹车；不料后面尾随的一辆车因刹车不住，而轻微地撞上。

他原也不以为意，但后面的司机却气冲冲地跳下车来找他理论，指责他刹车太急，大骂他驾驶技术有问题，并不时挥动着双拳，在他面前跳跃着。

乔路易沉默不语，直到司机骂完，扬长而去。

乔路易的友人实在忍不住了，对乔路易说："那家伙看起来那么嚣张，还在你面前挥舞拳头，你为什么不狠狠地揍他一顿？"

乔路易笑着说："如果有人侮辱歌王卡罗素，卡罗素是否会为对方高歌一曲呢？"

说得好，如果你不小心被狗咬了一口，难道也要回咬狗一口吗？

要记住，那个人就跟你我所认识的大多数人一样，他们并不是绝对理性。他们可能充满偏见、自私、忌妒、情绪化，甚至喜欢吹毛求疵、钻牛角尖，对吗？既然是这样，你又何必在意他怎么说或怎么想呢？

随遇而安，保持平和，心不静，气必不和；气不和，生活就会一团糟。过生活，过的是一股心气儿，心情不好，做任何事都无法安心。要时时调整你的心态，沉淀你的情绪。人们都渴望着他人的认同，要满足这项愿望其实并不难。一个人如果能够接纳别人，能够认同别人，他的身边就一定会聚集许多的朋友，这也正是那些具有好人缘的人与人相处的成功之道。

PART 04

你到底在怕什么

走出焦虑的心理障碍

阿秋说：茫茫人海中，遇见便是缘，相守即是情，一起为更好的自己加油！

带给我们人类痛苦的东西，一定是你所排斥或者不愿面对的，又或者是很折磨你身体的疾病和摧残你精神的事件、物品、人以及其他生长的万物、包括你所处的现状。

我们之所以感到痛苦、悲伤，那是因为你的整个体验是痛苦的，体验的好坏，又取决于你的大脑思维，大脑思维又受着外界和内在的变化影响而随之改变。

打个比方，你为什么会焦虑？

那肯定跟你的性格、认知、 经历以及外在的刺激源有着密切的关系，所以你才会感到惶恐不安、心事重重，那么一旦这种心理和情绪产生时，你人就焦虑了，你若是调整不过来，长此以往，就形成了一种强化思维、强迫思维，你会在遇到事情的时候，不自觉地陷入担心、疑虑、害怕的世界里，而走不出来，进而这个时候，你痛苦的体验感自然就会灌满了你的全身。

焦虑是一种负面情绪、负面心理，长期焦虑的人，内心和大脑里都藏着一个深不见底的黑洞，这个黑洞是填不满的，之所以填不满，那是因为负面的情绪可以被你的想象无限的放大，越放大就越害怕，这就是为什么负面情绪带给我们人类极大的摧毁力和痛苦感。

我们明知这样不行，可是仍旧改变不了天生塑造的性格以及后天影响的脾性。那么，我们该如何走出自己焦虑的心理障碍呢？

办法不是没有，那么如何与焦虑心理和谐共处，并最终战胜它呢？方法有 3 个。

1、认识焦虑是如何产生的？焦虑又是如何驾驭你人生、控制你思维的？

2、焦虑的人，一般性子比较急，能力可能尚缺，追求完美，在意别人看法等等的一些标签，在容易焦虑的人身上都能找到对应的特征，所以认识到这些，那么就客观地分析，意念上不断地暗示自己，当焦虑情绪来临的时候，告诉自己慢慢来，告诉自己所有你在乎的一切，远远不及你焦虑情绪所带来的伤害更大。你是继续让焦虑折磨你呢？还是彻底地解脱呢？

哪个更重要？你心里很清楚，如果你暂时不能解决焦虑情绪，那么多多练习，这是一个缓慢的过程，不要过于心急，心急你就又会陷入焦虑的心理状态中。

3、看到自己现在所拥有的，不要盯着已经失去或者你达不到的一切事物，多想想你现在得到的一切，包括一个健康的身体、一个幸福的家庭、一份事业等等，那么你的心理顿时也就释然了很多。

焦虑的人都是忽略了现在所拥有的，而总是盯着失去的或者还没达成的一些期许上，自然就会变得闷闷不乐，心急如焚了。凡事有个“度”，适可而止即可。

换位思考，理解就会时常在我们身边

在我们的现实生活当中人人都渴望理解，但在很多时候却偏偏得到的就不是理解。而是误解。在我们的工作中经常会存在误会，难以避免的，人们的愿望总是好的，而结局不仅不能如愿以偿，而恰恰事与愿违，误会在社会的各个角落之间都可能发生，而理解和误会只差那么一小步，只要在日常生活中能够经常沟通，换位思考，善于忘记，理解就会时常在我们身边。

理解需要经常沟通，沟通非常重要，长期不通，必生猜疑，猜疑生误解，误解就会生冲突。沟通了才让别人知道为什么。理解需要换位思考，换位思考是情感沟通的桥梁，家庭亲朋、同事都少不了换位思考，当我们被“冒犯”被误解的时候；是耿耿于怀还是换位思考突显了修养和品德。

所谓换位思考，其实就是换一种立场看待问题，从各个不同的角度研究问题，以开放心态对待冲突，从而获得新的理解，做出与平时惯常思维下不一样的行为。

换位思考是人类经过长期博弈、付出沉重代价后总结出的黄金法则。如果我们能够时时、处处、事事进行换位思考，那么人与人、人与社会、人与自然就一定能够处在一种和谐的状态中。

比如，自己少一份随意，别人就会多一份轻松；自己少一份刻薄，别人就会多一分宽容；当我们体会到老师的辛劳时，就会对他们多一些敬重；当我们体会到父母的艰辛时，就会对他们多一份敬爱。无论在家庭、在单位，如果说话办事能从对方的角度考虑问题，理解对方，那么我们就会减少许多不必要产生的家庭纠纷和社会矛盾，形成和睦的家庭、和谐的集体乃至和谐的社会。不难看出，换位思考，对于读懂别人、读懂生活、读懂社会，对于改善自己的思维、丰富自己的思想、提高自己的修养，对于认识世界、改造世界、构建和谐世界都有着重要的意义。

德国有一户人家需要在城里找一栋房子。他们一家三口，丈夫、妻子和一个五岁的孩子，跑了一天，终于在傍晚时看到了一则称心如意的公寓出租广告。

他们满怀希望地跑了去，房东仔细地打量了三位客人，“实在对不起，我们的房子不打算租给有孩子的住户。”

丈夫、妻子听了不知如何是好。踌躇了半天，只好遗憾地离开了。

那个五岁的孩子，把一切看在眼里，走了没多远他又一个人跑了回来，并用那双小手敲开了房东的门。小孩很有礼貌地说：“老爷爷，这个房子我租了，我没有孩子，只有两位老人。”

房东一听孩子的话，笑了起来，他们本意是怕孩子吵，一看孩子如此懂事、会说话，就欣然同意把房子租给他们了。

换位思考打破了房东老人的角色局限，使他自愿放弃了原来的成见。

还有这样一个故事：从前，有两座庙。甲庙的和尚经常吵架，生活得很痛苦；乙庙的和尚相处得十分融洽，生活得很快乐。于是甲庙的住持好奇地前去取经。

行至乙庙前，他看到一个和尚匆匆从外面走进来，刚进大门不慎摔倒了。正在拖地板的和尚见状赶紧跑过去，迅速扶起并连声自责："都是我的错，地板拖得太湿了。"站在门口的一个和尚也紧跟着跑过来，歉意地说："都怪我没有及时提醒。"被扶起的和尚则说："还是怪我太粗心。"前来取经的住持看在眼里，记在心上。从那以后，甲庙和尚之间的关系也融洽了。

宋代大儒朱熹说："责人之心责己，恕己之心恕人。"现在，不仅代与代之间有代沟，人与人之间一直有"沟"的存在，很多误会、纷争、痛苦皆由它而起。在很多的生活领域中，要做到"换位思考"委实不易。

比如有人说"劝人容易劝己难"。当劝慰别人时，我们苦口婆心，说得头头是道，当创伤发生在自己身上，却发现所有说过的话都是那么苍白无力，因为此时才真正体会到那种心情和感受。当初劝慰别人的，并不是情感的慰藉，而仅仅是理智的道理和应该。

在现实生活中，个别人是透过一层眼镜去认识、了解别人，这层眼镜就是他主观的参照标准，有时候就是一种成见。甚至有人常常被这种成见左右而不自觉，也就更谈不上去设身处地地理解别人了。

老子说："圣人常无心，以百姓心为心。"人与人的相处需要理解，需要心灵的契合。我们只有放下心中的一切框架，以纯净的心灵为载体，才能越过那些"沟"。

大千世界，芸芸众生，相遇需要真情，相处需要真诚。不过，并不是所有的人都有真心，也不是所有的人都能付出真情，所以，不要轻易去相信。有些爱不能付出，有些情不能给予，有些人不能轻信。生活就是这样无情，人生又是这样有情。相信美好，但不会处处美好，期待美好，但不会天天美好。生命，似一场苦乐兼有的旅行，苦乐都是自己的，累不累别人无从知道，好不好他人无法知晓。

生命的运行中，酸甜自己感受，苦辣自己体会。能说的只是少部分，不能说的才是大部分，人生所有的事情，运行在自己的心窝。累了，自己愿意，伤了，自己情愿。生活，需要你看开，放下，能满足自己心意的，就是快乐！正如苏东坡所说“横看成岭侧成峰，远近高低各不同，不识庐山真面目，只缘身在此山中”。如果万事都能学会换个角度去看，学会换位思考，那么生活中就会多一些理解，就会减少许多不必要的烦恼，增添不少快乐，那笑意将永远在我们脸上荡漾，我们的生活将充满灿烂的阳光。

得饶人处且饶人，有理也要让三分

那些古今中外做大事的人，都有一个弥勒佛的大肚子，都有得饶人处且饶人的气魄和涵养。他们能容天下难容之事，不会目光短浅斤斤计较，纠缠鸡毛蒜皮的琐事。他们才能在人生的道路上获得他人的容忍与帮助，并成就不平凡的人生。

我们在生活中一定要得饶人处且饶人，有理也要让三分。生活中常常有些人就是这样，无理争三分，得理不让人，小肚鸡肠。相反，有些人真理在握，不声不响，得理也让三分，显得绰约柔顺，君子风度。前者，往往是生活中的不安定因素，后者则具有一种天然的向心力，一个活得叽叽喳喳，一个活得自然潇洒。有理，没理，饶人不饶人，一般都在是非场上、论辩之中。假如是重大的或重要的是非问题，自然应当不失原则地论个青红皂白，甚至为追求真理而献身也值得。但日常生活中，也包括工作中，往往为一些非原则问题，小小不然的皮毛问题争得不亦乐乎，非得说上点儿，谁也不肯甘拜下风，说下句儿，说着论着就较起真来，以至于非得决一雌雄才算罢休，结果严重到大打出手，或者闹个不欢而散，鸡飞狗跳影响团结。甚至还有可能酿成人间悲剧。

2006 年 6 月 2 日，天津市南开区发生了一起惊心血案。三条人命转瞬之间灰飞烟灭，究其缘由，仅仅起因于一次微不足道的剐蹭事件。是凶手残忍过度，还是逝者罪有应得，目击者众说纷纭。

当天，一时尚女子驾程一辆宝马 735 路过一个自行车修理摊，剐倒了一辆待修的自行车。女子遂下车，要求修车师傅赔偿其损失，并对修车师傅百般辱骂。起先，修车师傅据理力争，时尚女子哪肯罢休，于是上前推搡修车师傅。修车师傅挥手阻拦，碰巧把时尚女子衣服弄脏。出现此等变故，时尚女子更是不依不饶。放言，车子的事情暂且不算，必须先拿 3000 元出来赔自己衣服。

事情发展到此时，曾有过路者出面调解。修车师傅也忍气吞声地向时尚女子道歉，并且表示愿意为她清洗衣服。可时尚女子依然不依不饶，一边继续辱骂修车师傅和上前调解的过路者，一边掏出了她的手机开始求援。

时尚女子求援的对象正是她的父母，她们一家三口就住在对面的贵族社区。其父来到现场，并未对事情原委做任何了解，便径直抄起地上的打气筒朝修车师傅头部猛砸数下。顿时，修车师傅头部血如泉涌。部分实在看不下去的围观者开始指责其父行为，并有几个意欲上前劝架。其父竟扬言，如果有谁敢靠近就会给他同样的下场。此时，其父继续猛踢被他用打气筒砸倒的修车师傅腹部，其母则站在一旁破口大骂为修车师傅说话的路人和围观者。时尚女子则一直坐在开着空调的宝马车里，得意洋洋地看着这场闹剧的上演。

几分钟过后，时尚女子父母打累了，也骂累了。其父对修车师傅说:“一刻钟之内，老子要是看不到3000块钱，以后你他妈就别在天津混了，你这条贱命值几个钱，做了你也省得老子看了你堵心”。修车师傅挣扎着从地上爬起来，吐了几口血唾沫，艰难地说道：“你等一下，我这就去拿。”然后步履蹒跚地向贵族社区对面的贫民区走去。此时此刻，四名当事者的心境迥乎不同，但是都已经走上了一条不归路。

约摸十来分钟的样子，修车师傅返回了事发现场，来到时尚女子父亲对面。其父冷笑一声，便伸手跨步上前。就在此时，修车师傅猛地抽出怀中的右手，手里拿的并非是一沓钞票，而是一柄雪亮的西瓜刀，以迅雷不及掩耳之势刺向了对方的心脏，然后在同一部位又补了两刀，其父没有发出任何声响便栽倒在地。紧接着，修车师傅两三步跨到其母近前，转瞬之间连捅三刀。杀红了眼的修车师傅并没有放过宝马车里早已目瞪口呆的时尚女子，拎小鸡般将她提出车外，连捅数刀后，扔于路边。

几分钟后，警方和救护车均已赶到现场。警方不费吹灰之力便将凶手逮捕。而刚刚还鲜活的三条人命，连急救的程序都没有进行便撒手人寰。

发生这样的事情，不会存在一个胜利者，修车师傅同样必死无疑。这个教训实在是太深刻了，只不过是一件小事，但当事人不依不饶，得饶人处不饶人，最终酿成了人间惨祸。

曾国藩当京官的时候，家里有一个仆人，名叫陈升。一次，这个陈升和曾国藩发生了矛盾。曾国藩很生气，解雇了他，并且写了一首讽刺他的《傲奴诗》，另换了一个叫周升的做仆人。

等气愤平息下来后，曾国藩开始反省自己对下人的冷漠。他想起别人解释《易经》的一句话。这句话翻译过来，大意是这样的：你把下属当成路人，刻薄寡恩，漠然无情，那么下属也会把你当作路人。

曾国藩说：“我对待下属虽然不刻薄，但经常把他们当作路人，所以他们不忠心于我。以后，我要把他们当作家人来看待，名分虽然要分明，但是在感情上，应该给予他们更多关心。”

刻薄之人，对自己要求很松，对别人却很苛责，缺乏反省意识，把问题归咎给别人，把功劳划归自己。很显然，这样的人是无法处理好人际关系的，也是很难成功的，即使机缘凑合成功了，也很难把事业做到极致。

对比一下曾国藩和左宗棠，我们可以更直观地理解曾国藩的这一理论。曾国藩、左宗棠性格不同，曾国藩宽容厚重，左宗棠褊急刻薄。

曾国藩心宽，能够容忍各种人才的缺陷，所以他的帐下人才很多。曾国藩逝世后，经他培养成才的李鸿章、彭玉麟、丁日昌、沈葆祯等人活跃在中国历史舞台上，对曾国藩逝世后二三十年的中国产生了巨大的影响。这是曾国藩的一个大功绩。没有宽容的心，他是做不到这一点的。

与曾国藩不同的是，左宗棠心窄，对人很刻薄，所以他手下人才并不太多。左宗棠一逝世，左宗棠集团就轰然倒塌，他所提拔起来的那些人，包括刘锦棠、杨昌濬、王德榜等人，再无太大的作为。

所谓“得饶人处且饶人”，就是放对方一条生路，让他有个台阶下，为他留点面子和立足之地，只要你做到这一点，有的时候反而能收到让你意想不到的效果。可能你争斗了半天得到的事物，反而在你放他人一马之后得到了。即使“得饶人处且饶人”之后，你什么利益也没有得到，但你至少能收获一份轻松的心情，能让你享受当下生活的闲适与轻闲。

所以，为了享受美好的当下生活，我们要站到高处，往开处想，理解别人、宽恕别人、得饶人处且饶人。这样你的生命才能美丽，生活才会安康。我们在生活中都是不同的个体，世界上没有完全相同的两片树叶，当然也没有两个完全相同的人了。得饶人处不饶人，最终的结果可能是两败俱伤。

嫉妒是心灵上的恶性肿瘤

嫉妒是指人们为竞争一定的权益，对相应的幸运者或潜在的幸运者怀有的一种冷漠、贬低、排斥，或者是敌视的心理状态。有嫉妒心的人容不得别人比自己好：看人发财了，他们不去祝福，反而在背后说风凉话，有的直接去破坏；看人升官了，也是如此。别人有什么，他们也想要什么，如果得不到，就用非常手段去对付那人。

嫉妒对人心灵的伤害很大，可以称得上是心灵上的恶性肿瘤。嫉妒的心承受着双重痛苦；一方面，为自己的失败或不幸而感到痛苦。另一方面，为别人的成功或者幸福而感到痛苦。特别是对于良心未泯的人，理智上知道不该嫉恨别人，情感上又甩不掉嫉妒的蚂蟥，更是被良心的痛苦缠绕着，背着自咎、自责的沉重包袱。如果一个人缺乏正确的竞争心理，只关注别人的成绩，嫉妒别人的成就，内心产生严重的怨恨，时间一久，心中压抑聚集，就会形成病态心理，对健康也就造成了极大的危害。

没有了健康的身体，嫉妒者离成功只能是越来越远。人会嫉妒是人的一种天性，也是人的劣根性的表现。嫉妒是让人变得狭隘的腐蚀剂，嫉妒是让人变得残暴的催化剂。嫉妒是一个人走向成功的一大障碍，所以我们应该远离嫉妒。

手握重权的人对他人的嫉妒还会让他演变成残暴的人。历史上因忌妒而杀人并不是什么天方夜谭。三国时期的杨修就是中国古代历史上因被忌妒而招来杀身之祸的典型事例。凡是读过《三国演义》的人，都知道杨修其人。杨修乃曹操手下一名高级谋士。他上知天文，下通地理，才高八斗，博学多才，通古知今，才思敏捷，聪颖过人，能说会道，是魏国一个不可多得的人才。可杨修却英年早逝，死于丞相曹操的刀下。不为别的，只因他不谙为官之道，锋芒毕露，聪明反被聪明误，几次三番猜中曹操的计谋，使曹操不快，被曹操所不容，曹操借“鸡肋”事件，以动摇军心为借口将其诛杀。这就是一起典型的因嫉妒而残暴杀人的事例。

无论是因嫉妒而伤害了自己的身体还是因嫉妒而残暴，这些嫉妒他人的人都很难成功。所以说，嫉妒是走向成功的一大障碍。每个人都不是生活在真空，而是生活在现实社会中。每个人都是一个社会的人。社会是一个整体，它是由若干个团体组成的社会整体。任何人离开了团队，离开了社会，都将会一事无成。任何人的成功都离不开别人的支持和帮助，离不开团队和社会的认可。一个好汉三个帮，一个篱笆三个桩，说的就是这个道理。从古至今，没有哪个人是靠单打独斗闯出天下的。任何一个经常嫉妒别人，极端自私，搬弄是非，卑鄙的小人，都不可能被团队和社会整体所接受。最终都会被团队和社会无情地抛弃。正因为这个道理，我们说宽容大度是成功必备的品质。那些知道嫉妒他人，不知道从自身寻找原因，让自己变强的人，一生都成不了大事。

想想看，如果李斯特嫉妒肖邦的才华，恐怕他只会成为一个被众人嘲笑的小丑，而不是一个德艺双馨的艺术家。所以，只有远离嫉妒，才能让自己变得更强。

波普尔曾经说过："对心胸卑鄙的人来说，他是嫉妒的奴隶；对有学问、有度量的人来说，忌妒可化为竞争心。"

是啊，良性的嫉妒能成为你前进的动力，坚信别人的优秀并不会妨碍自己的前进，相反，却给自己提供了一个竞争对手，一个比学赶超的榜样，这样，在今后的奋斗历程中你将会迸发出前所未有的力量。有了这样的力量支持，你就能坚持不懈地努力，那成功离你还远吗?

所以，我们应该远离恶性嫉妒，守护良性嫉妒，让自己变强。虽然有时面对生活和事业上的巨大落差，或社会的种种不公正现象，人们都难免会一时心理失衡和嫉妒。这时，要是实在无法化解的话，也可以适当地宣泄一下。可以找一个较知心的亲友，痛痛快快地说个够，出气解恨，暂求心理的平衡，然后由亲友适时地进行一番开导。发泄完以后你可能就会觉得好受许多。重新出发时，你可能又重新充满了力量。

现代社会是一个竞争社会，竞争无处不在。当看到别人在某些方面超过自己的时候，不要盯着别人的成绩怨恨，其实，一个人的成功是因为付出了许多的艰辛和巨大的代价。更不要企图把别人拉下马，别人取得了成绩，不是对你的否定，别人得到了赞美和荣誉，并没有损害你，也没有妨碍你去获取成功。而应采取正当的策略和手段，在"干"字上狠下功夫，努力奋斗，从而让自己变得更强！

意大利诗人但丁说过："嫉妒是人类七种致命的罪恶之一。"英国哲学家培根也曾经指出："嫉妒这恶魔总是在暗暗地、悄悄地毁掉人间的好东西。"荷兰哲学家斯宾诺沙说："嫉妒是妨碍一个人努力或活动能力的情绪。"英国文艺复兴时期伟大的戏剧家和诗人莎士比亚把嫉妒比作人身上的一个"肿瘤"。法国著名作家巴尔扎克也说："嫉妒者受到的痛苦比任何人遭受的痛苦都要大，他自己的不幸和别人的幸福都会使他痛苦万分。”

没有谁愿意跟一个嫉妒心强的人交往和相处。理智对待妒忌正确的做法，就是以开阔的胸襟气度承认和正视自身的差距，以他人为榜样和标杆，诚心拜他人为师，虚心向他人学习，把自己的心思和精力全部投入到学习提高上，用自己的不懈进取和努力奋斗去实现不断的成长进步。唯此，才能消除与他人之间的差距，同他人并驾齐驱，甚至领先超越他人。也唯有如此，才能建立和形成自己和谐融洽的人际关系。

欣赏别人是你能否放开胸怀的试金石

每个人都有自己的优点，应该是别人眼中的一道亮丽的风景线。古语说：“欲将取之，必先予之”“汝爱人，人恒爱之。”人们只有懂得欣赏别人，别人才会欣赏你。欣赏别人是检验你是否尊重生命，是否有上进心，是否能放开自己的胸怀和思维的试金石。

欣赏别人是一种做人的修养，站在别人的世界里，为他的世界喝彩，为他鼓掌，你何尝不是一道亮丽的风景？努力发现并欣赏他人的优点，既是对他人的一种肯定、一种理解、一种尊重、一种鼓励。发现别人的优点，也是对他人的个性、特长、言行、优点和成就发自内心的褒扬称赞。这是滋润人与人的友谊之花的最美的甘霖。人生旅途中，努力发现并学会欣赏他人的优点，会让世界充满了温暖与生机。

北宋时期，大文学家苏轼有一次与佛印禅师一起打坐。苏轼对佛印开玩笑说，我在打坐时，用我的天眼看到大师是团牛粪。佛印说，我在打坐时用我的法眼看到你是如来本体。苏轼回家后得意洋洋地告诉妹妹。苏小妹说：“哥哥，你实在输得太惨了。你难道不知道修行的一切外在事务都是内心的投射吗？你的内心是一团牛粪，所以看到别人也是一团牛粪；人家内心是如来，所以看到的你也是如来。”

这虽然是发生在宋朝的小故事，但这个哲理小故事中蕴含的道理在今天依然适用。你喜欢别人，别人也就喜欢你；你欣赏别人，别人也就欣赏你；你努力发现别人的优点，别人也会看见你的优点。所谓的“欲将取之，必先予之”就是这个道理。

而生活在竞争激烈、节奏快的现代社会中的人们，只是将眼光投注在自己的身上，很少去关注他人。就像一只埋进沙子里的鸵鸟，只看到自己的优点和别人身上的缺点，却从不关注他人的优点和自己的缺点，而一味地觉得自己是优秀的，自己应该获得别人同样的成绩。可实际上不是这样的。于是他开始焦虑，把自己搞得很累。如果多努力发现他人优点并学习他人的优点，改正自己的缺点，那么，他就离成功不远了。

学会多角度看人，学会欣赏别人的优点，学会赞美别人的长处，常对世界怀有感恩之心，你的人生就进入一种更新、更美的境界。

玉芳与小伟结婚五年了，在玉芳口中的小伟，有千种不是、万般不对，是个一无是处的人。可是，在别人眼中，小伟偏又是个彬彬有礼而又能言善道的人。一回，在朋友的聚会中，有人称赞小伟，玉芳生气地虎起双眼，尖声锐气地说：“你们知道不知道，他是个双面人哪！外面的人对他印象不错，可他在家里却是神憎鬼厌。”

这时，他们的好友茜楠冷静地开口了：“玉芳，你对小伟，处处看不顺眼，事事听不顺耳，最大的症结，其实不是小伟，而是你本身！”

玉芳怏怏地瞪着她，茜楠不慌不忙，继续说道：“你的双眼，有两枚钉子；你的双耳，有两根长刺。你看他时，看到的是自己眼中的钉；你听他时，耳中的刺又在作怪。你试试看，拔去眼中的钉和耳内的刺，再去看、再去听，也许，感受便完全不一样了。”

是的，如果你老是盯着别人的缺点，不但自己不快乐，也会给别人永远地贴上错误的“标签”。

努力发现并承认别人的优点，最重要的是：看别人时，把着眼点放在别人的优点上，便能将那一枚一枚既弄痛自己又刺痛别人的铁钉，变作两颗镶嵌在眼珠里的钻石，这样一来，落在眼中的世界，将变得更璀璨、更晶亮、更美丽！

要知道每个人的心灵空间都是有限的，如果你的心灵空间里装满了他人的缺点，你就没有空间去存放他人的优点了。所以，我们应当清除我们心灵空间中的那些垃圾缺点，腾出空间，去发现和收集他人的优点。

努力发现并欣赏他人的优点是一种感召的过程。是一个能动的过程，是主观见诸于客观的过程，不以主观想象而人为的，当你发现并欣赏他人的优点了解别人，就得按照客观事物的本来面目去认定别人，评价别人，总结别人，学习别人，而不以你的好恶而胡说八道，只有真正按照客观存在去公正地认定了别人，你才能真正有心灵的震撼，为什么好多人出现妒忌而不是欣赏呢，就是不敢不愿按事物真实去认定别人，这是最大的悲哀。所以真正努力发现并欣赏他人的优点就是有勇气把别人当自己的旗帜。

努力发现并欣赏他人的优点并不难做到，这要求我们去发掘生活和工作周围的人，想想他们的好处和优点，并毫不吝啬地称赞他们，这将会在人与人之间形成良性互动，使我们的工作环境更温馨可爱，作为个人的人际关系也能大大改善。你可以在拥有朋友的同时体味到人性的纯美、真情的可贵。友情同样是一种爱，一种更高尚、更至诚的爱。

我们要以海纳百川的襟怀去接纳一个完整的别人，努力地改善自己，积极地劳动和创造。所以说，智者的欣赏就是在欣赏别人的同时，试着把自己投入到铸就辉煌的熔炉之中，把自卑练成自信，把不满锻造成奋争，把孤傲挥洒成谦逊，把委屈升华成振奋，把失意挤压成动力，把挫折锤打成练达……尽管脚下没有红地毯，头上没有彩霞满天，但一生的欣赏也许会成为自己独特的永恒的风景。

学会豁达，你的生活会增加很多欢乐

一个太能算计的人，通常事事计较，无论他表面上多么大方，内心深处都不会坦然。美国心理学家威廉说过，凡是太聪明、太能算计的人，实际上都是很不幸的人，甚至是多病和短命的。太算计的人，总是贪欲不足；太算计的人，喜欢斤斤计较；太算计的人，喜欢想太多；太算计的人，不相信其他人，永远没有真心的朋友。

人生福祸相依，变化无常。年少气盛时，凡事斤斤计较，锱铢必较，这还有情可原。一个人年事渐长，阅历渐广，涵养渐深，对争取之事应看得淡些，凡事不必太计较得失，顺其自然最好。如果年少时就能学会这份豁达，他的生活中必然会增加很多欢乐。

虽然人生中一些事情，需要我们较真才能成功，但在生活中却不可太较真，不能在得失上过分算计。如果过分算计得失，由于人是相互作用的，你表现出一分敌意，他有可能还以二分，然后你则递增为三分，他又会还回来六分……把敌意换成善意，你会有非常大的收获。

当“冤冤相报何时了”成为“相逢一笑泯恩仇”的双赢时，你的人生才会充满快乐，你生活中的每一刻对你而言才是美妙的。

《开心辞典》栏目在某种意义上也能看出答题人的生活态度，因为每达成某个梦想，挑战者都会面临两种选择：一个是继续，一个是放弃。如果继续，结果会有两种：要么成功，圆了新的梦想；要么失败，又退回到起点。不进则退，不会让你保持原本取得的成绩。在答题人的选择之中，我们可以看出他对得失的态度。

其中有一期《开心辞典》的答题人相当幸运，一路顺利地答到了第九题。他怀孕的妻子就在台下，而此时，去掉一个错误答案、打热线给朋友、求助现场观众，他都用过了。答完第九题，当他把自己设定的家庭梦想都实现后，主持人微笑着问：“继续吗？”“不，我放弃！”他干脆地回答。

当时，主持人也一愣，现场的观众似乎也一愣。因为很少有人会在这时候放弃，全国观众都盯着你呢，怎能说放弃就放弃？别人又会怎样看待你的“退缩”呢？但他似乎心意已决，主持人连问了三次“真的放弃吗？不会后悔？”他依然点头，坚定地说：“真的放弃，我不会后悔，因为应该得到的已经得到了。”这样，他就只回答了 9 道题，实现了自己的家庭梦想，但却没有向终点发起冲击。

这时另一位主持人又问：“如果将来你的孩子问你：‘爸爸，那天你在《开心辞典》为什么放弃了？’你会怎么说？”他说：“我会告诉孩子，人生不一定要走到最高点。”这位主持人又追问：“那你的孩子如果说，他以后只考 80 分就满足了，你怎么说？”答题者微笑着回答：“如果孩子觉得高兴，而且也付出了应该付出的努力，那么我认同！”

此言未落，台下已是掌声雷动。显然，大家都被他这种在得失面前豁达的人生态度所打动了。在理智面前，适时的放弃并不是退缩，而是一种冷静的智慧，一种成熟的象征。很多时候，成熟并不意味着你更加懂得去珍惜什么，而是你更加明白了适时放弃的重要。有舍才有得，这是放弃之美！

懂得享受当下的人懂得适当放弃、懂得超脱！生活也需要“有所为才能有所不为”，因为有所得，就必有所失。什么都想得到，上帝不会那么眷顾你，满足你，你只能是生活中的侏儒。要想获得某种超常的发挥，就必须放弃许多东西。瞎子的耳朵最灵，因为眼睛看不见，他必须竖着耳朵听，久而久之，耳朵功能达到了超常的发挥；会计的心算能力最差，2 加 3 也要用算盘打一遍，而摆地摊的是速算专家。生活中也一样，当你追求的某种功能充分发挥时，其他功能就可能退化。因为生活是公平的，有所得就会有所失，所以，不要过分计较得失，相信生活会给你最圆满的答案。

所以，请不要在生活中太计较得失，凡事不必太在意，更不需去强求，就让一切随缘。逃避，不一定躲得过；面对，不一定最难过；孤独，不一定不快乐；得到，不一定能长久；失去，不一定不再拥有。可能因为某个理由而伤心难过，但，你却能找个理由让自己快乐。在得失面前永远保持一种超然的洒脱。你会发现原来你当下拥有的生活是那么美好。

做人不要太算计，《红楼梦》中有一句很经典的话，是用来形容王熙凤的，它说：机关算尽太聪明，反误了卿卿性命。所以可以说，人生其实越算计，就会越不幸！遇事要坦然淡然，顺其自然。生活不是战场，无需一较高下。做人，精一半让一半；做事，求一半随一半。事事不能太精，太精无路；待人不能太苛，太苛无友。懂得退让，方显大气；知道包容，方显大度。与人相处，总要有所保留，但不要玩心计，而是留后路。

虚荣心是一种追求虚表的性格缺陷

虚荣心，从心理学角度来说是一种追求虚荣的性格缺陷。虚荣心是人类一种普通的心理状态，人人都有自尊心，都希望得到社会的承认，这是一种正常的心理需要，但虚荣心强的人不是通过实实在在的努力，而是利用撒谎、投机等不正常手段去渔猎名誉的。虚荣心是一种扭曲的自尊心，是自尊心的过分表现，是一种追求虚表的性格缺陷。

中学时代我们学过莫泊桑的《项链》，那个爱慕虚荣的公务员的妻子，为了一串项链付出了十年的苦役。其实，每一个人都是俗人，我们可以不富裕，但要知道自己需要什么。每天健康快乐地生活就是幸福，我们有健康、青春、朋友、知足就是我们最大的财富。

男孩和女孩是一对恋人。有一天，男孩女孩去逛街。当经过一家首饰店门口时，女孩一眼看见了摆在玻璃柜里的那条心形的金项链。女孩心想：我的脖子这么白，配上这条项链一定好看。男孩看见了女孩眼中的那依依不舍的目光，他摸摸自己的钱包，脸红了，拉着女孩走开了。

几个月后，女孩的20岁生日到了。在女孩的生日宴会上，男孩喝了很多酒，才敢把给女孩的生日礼物拿出来，那正是女孩心仪的那条心形的金项链。女孩高兴地当众吻了一下男孩的脸。过了半晌，男孩才憋红着脸，搓着手，嗫嚅地说："不过，这、这项链是……铜的……"男孩的声音很小，但客厅里所有的客人都听见了。女孩的脸蓦地涨得通红，把正准备戴到自己那白皙漂亮的脖子上的项链揉成一团随便放在了牛仔裤的口袋里。"来，喝酒！"女孩大声说，直到宴会结束，女孩再也没看男孩一眼。

不久后，一个男人闯进了女孩的生活。男人说，他什么也没有，只有钱。当他把闪闪发光的金首饰戴到女孩身上时，同时也俘虏了女孩那颗爱慕虚荣的心。他们很快便在外面租了一间房子同居了。男人对女孩百依百顺，女孩暗暗庆幸自己在男孩和男人之间的选择。对于女孩来说，那真是一段幸福的日子。但是好景不长，在女孩发现自己怀孕了的同时，也发现男人失踪了。当房东再一次来催她缴房租时，她只得走进了当铺，把自己所有的金首饰摆在了柜台上。

老板眯着眼睛看了一眼说："你拿这么多镀金首饰来干什么？"女孩一下子愣住了。接着老板的眼睛一亮，扒开一堆首饰，拿出最下面的那条项链说："嗯，这倒是一条真金项链，值一点钱。"女孩一看，这不正是男孩送她的那条假金项链吗？当铺老板把玩着那条心形的项链问："喂，你打算当多少钱？"女孩哭了，忽然一把夺过那条项链冲出门外……

女孩因为自己的虚荣心，很轻易地把本来属于自己的一份真情摒弃了，而是在虚华面前选择了一份虚情假意，结果自己被骗得如此凄惨。但她还能否找到属于自己的真爱呢？

森林里住着一只很爱漂亮的小鹿，它尤其喜欢自己头上的一对鹿角。它总是在别人面前得意地摇晃自己那对细长而又优美的鹿角。一天，它来到小河边低头喝水时，看见鹿角在水中的倒影是那么漂亮，心里暗暗得意。可是无意间，它注意到了自己的腿。小鹿难过地说道：“腿啊腿，你们也太难看了，看起来可真长，搭配在我的身上太不协调了。”小鹿喝完水后，就闷闷不乐地往家走去。它一边走一边想：为什么我的腿这么难看呢？就在这时，小鹿发现前方不远处有一只大老虎。它吓得撒腿就跑。而此时，老虎也发现了小鹿，张开大嘴就吼了起来，朝小鹿追来。小鹿没跑多久，就把老虎远远地甩在了后面。看到老虎被甩远了，小鹿就放慢了奔跑的速度，跑进丛林里想暂时休息一会儿。丛林里到处都是低矮的树枝，它的鹿角不小心绊在了树丛里。不管它怎么挣扎，就是摆脱不了树丛。哎呀，不好了，老虎追上来了。它凶猛地向小鹿扑了过去。小鹿知道自己这次再也逃脱不了，临死前感叹道：“唉！我真是太虚荣了，我的腿虽然长得不好看，可却能在危急的时刻救我的命；而这对长得很漂亮的鹿角，却让我丢掉了性命。”

在这个故事中，小鹿只在乎自己美丽的鹿角，却讨厌自己的双腿，但它却没想到，正是因为自己的鹿角把自己害了，所以虚荣心对于人的危害有多么大啊！

虚荣心强的人，在思想上会不自觉地渗入自私、虚伪、欺诈等因素，这与谦虚谨慎、光明磊落、不图虚名等美德是格格不入的。虚荣的人为了表扬才去做好事，对表扬和成功沾沾自喜，甚至不惜弄虚作假。他们对自己的不足想方设法遮掩，不喜欢也不善于取长补短。那么，我们如何克服虚荣心呢？

1. 要克服虚荣心，必须要树立正确的价值观和荣辱观，人们追求荣誉和地位，这是正常的心理需要，但如果我们的追求与我们的实际才能不一致，打肿脸充胖子，就会使自己的人格发生扭曲。

2. 要认真理性地对待失败和挫折，善于从失败中吸取教训，总结经验，悟出道理，做到自信，自强，自爱和自立，这样有利于消除虚荣心。

3. 我们要与他人进行比较，找到自身与别人的差距，并告诫自己多加努力，迎头赶上，但不能过分攀比，立足于比自身的努力程度、社会价值和自己的作用与贡献，不只是单纯地比成绩、比待遇、比荣誉和收入。

4. 克服忌妒心理，不要过分关注自己的自尊和脸面，正视自己的短处，不要排斥、为难比自己强的人，也不要为了追求虚荣，在晋升晋级中造假，做违背常理的事情，承认每个人能力都不一样，十个手指伸出来都有长有短，全身心接纳自己，不要为名利和虚荣所困。

5. 放宽自己的心态，比上不足，比下有余，俗话说人比人，气死人，不要拿自己的短处和不幸与别人的长处和幸运去比较，正视自己的短处，也接纳别人的好处，并加以借鉴，虚心学习，努力改进，将自己与别人的差距作为自己前进的动力，而不要埋怨和自贬。

6. 如果意识到自己有了虚荣心，就要通过自省和训练尽快克服这种不良行为，可以通过行为疗法，譬如一旦意识到内心动了虚荣的念头或想法，就用手指掐一下自己，提醒自己注意，有效干预，长期坚持，直到克服虚荣心。

PART 05

谁也给不了你安全感，除了你自己

人为什么会焦虑？剖析焦虑心理

焦虑已成为现代人普遍的“心病”，有人甚至说当代就是一个“焦虑的年代”。焦虑的表现是：总是担心、恐慌。担心、恐慌是一种固有的不安，主要的精神反应便是焦虑和忧愁，但尚不是心理疾病，若持续为固着状态——明知没必要如此不安，但已无法自我解脱和控制，就进入心理障碍阶段了。人与动物的不同点之一是对事物的预测性、预见性。在当今瞬息万变的社会，对将来必要的担心和考虑是应该的，但焦虑症者的焦虑不是来自环境的真正存在的实际危险，而是杞人忧天似的虚无空想，即心理学所说的“心理炒股”，且愈“炒”愈大，风声鹤唳，草木皆兵。担心事业会失败，担心随时可降临于自己头上的下岗，担心失恋，担心交通事故，担心自己会生癌症或别的什么重病，担心越涨越高的房价让自己无能为力……这种焦虑的特征是，常常觉得生活周围危机四伏，且认为自己没有能力解决这些难题；或者自认不受人欢迎，或猜想有人会加害。当他陷于焦虑沉思时，便会出现心悸、不安、胃绞痛、慌乱而手足无措，无所适从。焦虑症还可派生出罪恶感和无用感，不是做错事，做坏事的犯罪，而是“罪由心生”，为自己杜撰和假想许多“罪行”，又觉得自己无用，对人对事常抱疑虑态度，判定别人不信任自己，常因失望而生愤怒，并迁怒于人，即心理学所称的“敌意”。无用感是罪恶感的变种，罪恶感将厌恶外化；无用感则将厌恶内化(指向自己的内心)认为自己一无是处，自卑、羞怯、内疚、自责，认为自己的躯体、外观、长相无可取之处，不可能让人喜欢，即使工作有成绩也认为是碰上好运。无用感主要是源于社会变化和竞争过分激烈所带来的内心恐惧。有竞争就会有失败；有变化就会有落伍，这些可怕的结果长期停留便会造成心灵疾患，并诱发心脏病、癌症。

焦虑与生命内在需求能否被满足有关

当一个人感觉自己无法掌控当下的情境时，便会觉得没有安全感。对于这句话，我们还可以从另外一个角度来理解，“感觉自己无法掌控当下的情境”，这其实意味着，内心有某种渴望和欲求，想去控制当下的情境，想让当下的情境，按照自己的意愿，自己当下的需要来运行！所以，缺乏安全感，掌控力的焦虑，从最广泛的意义看，可以说是与“生命内在的需要和需求”能否被满足有关！

那么，它们最初是从何而来的呢?

一、最初的来源

1. 一个婴儿来到这个世界，不断地与周围的环境发生各种各样的互动，他们会逐渐地意识到某些部分是他无法控制的，那些能够满足他们需求的物体，比如乳房、奶瓶和妈妈似乎有自己的意志，她们出现和离开的时间，并非总是符合婴儿的期待。婴儿将逐渐认知到这些不能控制的部分，和自己不是一体的，而是跟自己分开的！在他们的心灵世界会建立起基本的界限：界限之内所有事物都是他自己，而界限之外是他人，是外在的东西。由于外界的物体能够提供舒适，愉悦和安全感，儿童的心灵会渴望这些物体，执着于它们，但它们是有自己的意志的，在儿童的掌控力之外，所以也是危险的！这样，儿童有自己内在的需求需要，而外在物体有自己的意志，两者之间将产生难以调和的矛盾冲突，“生存和掌控力的焦虑”便逐渐地留在了生命中。(请注意,心灵的特点之一“离苦得乐”这种模式在这里已经开始了体现)

2. 随着年龄增长，儿童感觉他们空间 (周围) 内的物体变得越来越难以驾驭了，而外在的物体也越来越多，儿童逐渐陷入一种无奈，无力的困境之中，只能选择从中退缩，放弃对外界这些无法掌控的物体或者事物的控制，但是在他们的心灵深处，对于这些无法掌控的范围，他们对此的感知将是空虚的，空洞的深渊，与自己是分裂开来的，似乎就是一个可怕的，自己无法看清楚、也无法控制、充满了危险的黑洞，而且会让儿童内心害怕去面对它们！

3. 在儿童选择放弃和深感恐惧的这个虚空中，这个黑洞中，有各种物体不受儿童的控制而移动着，因此儿童会害怕黑洞和其中的一切！有着父母形象的人物似乎控制了这个虚空里的全部活动，儿童非常看重他们，并且相信他们的力量强大。生命对安全感的需求，让儿童对于能够带给他们安全感的人物，不仅内心非常看重他们，同时也愿意相信他们的力量是强大的，这样都将增进儿童的安全感，化解他们的恐惧不安！他们对儿童的态度越友好，越是能够在儿童感觉无力、无奈，恐惧时出现，帮助他们，就越是可靠的盟友，儿童也就越觉得轻松。自己内在有强烈的掌控力的焦虑，便把希望寄托在外界这种心态，在恋爱过程中，亦会在一些朋友身上体现：一些“生存和掌控力的焦虑”这个命题完成得不好的个体，会欣赏，会选择一个比自己强大的对象作为朋友，尤其是女孩子，而且还会按照自己的意愿，理想化对方，心里自觉不自觉地把对方想象得多么的能干，多么的有力量，不过后来却可能因为发现，对方不是自己想象的那样而深感失望，失落！

4. 那些无法控制的物体让人害怕，并且被看成是野蛮的。比如，作为宠物的动物如果能够被控制，它们将增进儿童的安全感！而类似玩具熊这样既象征野蛮，又能够完全控制的物体，是最令人感到舒服的盟友。“我能够控制这种物体，我是有能力的”这种感觉，将减轻孩子内心的某些不安！所以一些过渡性的物体能够帮助儿童应付虚空中的恐惧。一个孩子在成长过程中，有一些合适的玩具，将帮助他们建立起更多的信心，掌控力的信心！不过，通过这种方式来化解内心的恐惧，仍然是需要家长的配合，提供这些物体，所以还是爱的原则起作用！

5. “取悦他人”这种人际互动模式产生的内在原因：当儿童觉得不安全或不确定的时候（本体焦虑），他们会有被抛弃的恐惧。家长（父母或照顾者）似乎是站在儿童和强大的威吓力（可能会死掉）之间，孩子会尽力取悦父母，为的是保障自己持续得到支持与保护。这将使得一个人养成一种尽力符合他人期待的生命模式，并且开始发展外在依赖的态度与行为。个体把注意力从自己的内在转向外在的权威，如果孩子能够取悦家长，就不会被父母抛弃，因此得以存活。为了避免被抛弃而无法生存，个人需要被别人接受。“对自身存在和生命的认定”“生存和掌控力的焦虑”，这样两个心灵和人生的命题，一个人成长中存在的问题越大时，“取悦他人”这种模式会比较明显。但是如果在成长中得到了心灵健康所需要的“爱”的个体，那么因为他们能够很好地认定自己，内心有足够的掌控力，心灵不受制于什么“需求和需要”，他们便不必刻意地取悦他人，而是可以自由地与人交往！

二、其他一些容易产生焦虑的情形和原因：

1. 容易焦虑的人，其父母通常也有人易焦虑，而且无力应对自己内心的相应情感，故没有能力去帮助孩子面对和化解。反而让孩子从父母那里继承了他们焦虑的个性。

2. 遵循一贯坚持的信念带给个体表面上的安全感，让其觉得可以控制和预测，却让思想没有了灵活性，难以适应不断变化的外界。故认知层面的条条框框太多，当和周围互动却又不一致时，自然容易与外界产生冲突，而大脑又未能及时地调整自己的观点，思维缺乏灵活性和变通。这样也将会让一个人感受到比较多的焦虑！

3. 理论有时候会成为救命稻草，而让个体盲目套用，因为心灵无所依托，无出路，不过却造成思想僵化。某个理论，内在涉及的因素也许会有不少，需要根据具体的情境而变通。大脑里若只是灌输了理论，却不明白这种理论背后存在的基础，适应的范围等，则演变成为脱离当下的客观实际情况的误用，这在咨询的时候常见，在应对症状时，盲目地为所欲为，而让症状越来越多，越来越复杂，或者根据一知半解的知识，给自己的情况乱贴标签，不仅没有解决问题，反而加剧了内心的混乱，没有面对真实内心，接触真相，而难以化解内在的焦虑。

4. 自己的存在是无意义的，自己是没有价值的这个“事实”，心灵无法承受（会陷入抑郁），故通过外在表现来证实自己的价值，可越来越难以做到，达不到自己认定的标准，无能为力，而引发焦虑“我没能力很好地存在于这个世界，我无力应对这个世界”。

5. 对“不能存在”的焦虑，即对死亡的恐惧，它们会深深地留在生命中，在人生的某些特定时期，阶段，在遇到某些特别的事情时，往往会浮现出来。

6. 下面亦是焦虑产生的一些常见原因：

他人不再对你有正面认定——被他人接受，欣赏等情感需求不再被满足——由此建立的自信失去——导致失去许多曾经带来积极情感体验的东西

对问题的认识出现错误——活在过去的信念感受中了

问题解决的方向出错——外求而非内求

对自身能力认定出错，以为自己缺乏相应的能力

缺乏对待问题积极的相应方法和策略

焦虑不可怕，可怕的是不能正确地咨询和治疗。治疗焦虑，解决潜意识中的担心，是最关键所在。在咨询中，如何拔除潜意识中的焦虑，是咨询师在咨询中的着眼点。在咨询中要因人而异。

焦虑不能对现状有任何改善

生活中的一切，无论是苦难还是幸福，无论是烦恼还是快乐，都有存在的理由，我们都无法去回避，也无法挑选。只有用心去对待，只有这样才能真正体会生活中的美好滋味。生活既是人的对手，也是人的朋友，作为对手，生活经常会给你出难题，在你前进的方向设置陷阱，但是只要你能用心去对待，便能行走自如，便能征服它，把它变为你的朋友。

生活中有这样一种人，他们原本生活条件很不错，但却有一个很不好的习惯——爱焦虑。他们对所有的事、所有的人都心怀不满，总是不停地焦虑这焦虑那，天气不好、工资不涨、上司永远臭着一张脸、工作怎么也做不完、老婆做饭难吃、孩子不听话……好像说上三天三夜都说不完，好像天下所有的人都亏欠了他们，全世界就他们是最不幸的，发生在他们身上的事总是不合理的。

我们也会觉得这种人有点好笑，他们看问题往往以“宽于律己，严以待人”为原则，以“自己的得失”为标准，只考虑自己这方面的得失，让自己获益就是对的，让自己受损就是错的，绝不肯站在对方的角度想一想他们那样做的理由。总之，任何事都是别人的错，所以任何对自己不利的东西都是他们焦虑的对象。

这些人还有一个特点，就是高兴的事全抛在了脑后，不顺心的事必须挂在嘴上，于是他们便觉得活得累，焦虑就又变成了最理所当然的出气方式。而焦虑不但不能对现状有任何有利的改善，还会使问题恶化，把自己的心情弄得更糟糕。

心理学家指出，无休止地埋怨对自己本身就是一种伤害。当人们习惯焦虑时，就很容易发现生活中许多负面的东西，并不自觉地加以扩大，甚至一点点小事都能让他浮想联翩，进而感慨自己的艰难。这种心理会使得人们倾诉的欲望非常强烈，情绪就会越来越焦虑。

荀子曰：“自知者不怨人，知命者不怨天，怨人者穷，怨天者无志。”简单的几句话已经把道理说得很明白了，焦虑命苦，怨天尤人的人总是把贫穷、不成功的原因一股脑儿地推给了命运。殊不知，那些天生的不足并不是阻碍你成功、快乐的根本原因，分明是你把它看得很严重，将它当作你生活的障碍，或是失败的借口。但是认真想想，你所焦虑的事，根本不是什么大不了的问题。

瑞克天生有点缺陷，但并不明显，乍一看，他和正常人一样，所以一直以来都没有人发现他身体的畸形。直至进入七年级，上手工艺课时，他的这个缺陷才显现了出来。

有一次，在手工艺课上，全班26个男孩照着相同的草图做家具，25个男孩做出的成品几乎是一模一样的，唯有瑞克的不合格。开始，他想做木工活是需要一定的天赋的，或许自己并没有那种天赋。后来，一次偶然的联想让瑞克震惊，他突然间认为，自己做不好木工活并非因为他缺乏这方面的天赋，问题出在他与生俱来的残疾上。

从此以后，瑞克心里充满了怨恨，他多次在心中悲哀地焦虑：“我是个残疾！上帝怎么会这么对待我呢？为什么我的身体不能和常人一样？”这个事实成了他的噩梦，令他难以面对，每每遇到哪怕能沾上一点边的事，他都会使劲联想，让自己痛苦得不能自拔。

很多年以后，29 岁的瑞克与一名女子结婚后生下了一个男孩，取名杰克。杰克活泼健康，一点缺陷也没有，瑞克终于感受到了人生中的幸福。作为一个男孩的父亲，瑞克有着重大的职责，那就是教会儿子一些手工活，如做一张小板凳，修理抽屉上的把手，等等。本是为人父亲的快乐之事，却是瑞克心中的痛处，他愈加焦虑起命运对自己的不公。

终于有一天，天真可爱的杰克在看到邻居家父子做手工活时对自己的父亲说：“爸爸，我们能不能也做一个小衣柜呀？”

瑞克大惊失色，战栗着回答儿子说：“孩子，事情是这样的……爸爸不能教你，因为……”

杰克瞪大了眼睛，似乎等待着父亲告诉他什么可怕的事实：“为什么？”

“你是不是常常看到那些木匠、建筑工、电工，他们总是把一枝铅笔夹在耳朵后面？”

杰克点点头，安静地等着下文。

“但我却不能像他们那样！”瑞克再次悲伤地抱怨说，“我的耳朵向外远远伸出，不贴近脑袋，所以夹不住铅笔！我不是个正常人！我是个残疾人！”

看到这儿，我们可能会笑，原来瑞克焦虑的“残疾”竟是如此的小事。我们回过头来想想，是否自己也曾犯过类似的错误，把很多事看得很严重，愤世怨人，迁怒于社会的不公，上帝的偏向，甚至把它当作追逐幸福生活的障碍、失败的借口。但是如果认真想一想，你可能就会发现，你所焦虑的问题，根本不是个问题。

就像故事中的瑞克一样，出问题的其实是他自己的“心”，而不是看似略有异样的“耳朵”。当我们清除掉心理的阴影时，往往就会忽略“耳朵”的异样。当然，焦虑作为人性中的一种自我防卫机制，要完全断绝很难。但我们至少应该做到在焦虑的时候提醒自己，这个焦虑只是暂时的出气宣泄，可做心灵的麻醉剂，但绝不是心灵的解救药方。

生活需要用心料理和照顾，才会开出最绚丽多彩的花朵。生活多种多样，适合自己就行，不要给自己太多条条框框，没有什么是不能做的，凡事做到有自己的原则，用心对待生活，生活便会把你当成永远的朋友。

把心胸放宽，让自己有更多的包容力

气度是一种风度，是一种气质，更是一种修养。生活中不仅要看到别人的长处，也要包容别人的短处，假使受了委屈，也不能负气一生，生活中没有永远不被理解的事，有时不是世界容不下你，而是因为个人的心胸和气量狭小而容不下你周围的事物，而造成个人融不进社会。与其在心中还留着怨恨，倒不如把心胸放宽，让自己有更多的包容力来面对人生。

俗话说"宰相肚里能撑船"，这就是成功人士的大修养。对我们来说，宽阔的胸怀，是豁达宽容性格的完美表现。倘若胸怀狭隘，没有容人容物的肚量，不仅难以成就大事业，恐怕也难以与人和睦相处，自己的内心也会感到孤单和痛苦。

心胸宽广不仅能让我们很好地和他人互助互爱，也可以让自己心态平稳，头脑清晰，见识、胆识也就随之拓展，为来日谋求更好的发展打下基础。气度狭小的人只会让焦虑越来越多，这样的人做不了什么伟大的事，一般伟人都具有宽大的胸襟。

中国人历来就有以德报怨的文化传统，许多中华名士，用他们身上性格的魅力征服了世人，用他们的胸怀征服了世界。宽容是一种博大而深远的胸怀，是敞开心怀来容人、容己、容事。在生活需要发扬崇高品德的时候，能够不计较成败得失，是一种更高的精神境界，是一种更大意义上的性格成功。

统一企业的董事长高清愿就是这样的一个人。他说："待人处事，要包容大度。"他认为，要想成就大事业，就必须要有肚量与气度，就必须有宽容豁达的性格。

所谓"江海不择细流，故能成其大；泰山不拒土壤，故能成其高"。高清愿说起了多年前发生在自己身上的一件事。

多年前，高清愿基于道义与情义帮助朋友投资了一项自己全然陌生的事业。接手时，这个事业已摇摇欲坠，再加上当时市场开放竞争，百家争鸣，前景极为暗淡。面对这个必败的局面，他们苦撑多时，却一直亏损连连，最后在兼顾了情理法的情况下，他决定退出。

然而，事情并不像他想象的那么容易解决，这家公司部分的高级员工，以他退出为由，把问题政治化，来凸显劳资对立的问题。这段期间，有很多不实的言论都落在高清愿的身上，加上许多莫须有的罪名，对他个人造成了不小的伤害。很多朋友都替他抱不平，但他并没有因为这些毁谤而焦虑。之后，这家公司几番易主，他也逐渐淡忘了这件事。

后来，有朋友告知有一家企业负责人希望能来统一公司就通路销售一事与他商议。进一步打听之后，才知道这家企业竟然就是当初接手的那家公司，负责人虽已换手，但是当初诽谤他甚烈的一些员工，仍位居高位。在这种情形下，高清愿仍然没有焦虑，而是决定和这些朋友会面，并愿意协助他们进行产品的销售，不久之后，他又设宴款待这些朋友，结果，宾主尽欢。

有些熟悉内情的朋友，都认为没有必要这么做，但是，高董事长的想法是，在成人的世界要化敌为友不是件容易的事，如果他仅是帮一下忙，请别人吃饭、谈谈心，就能因此化解误会，何乐而不为呢？

在人生的道路上我们必须养成豁达宽容的性格，培养宽阔的胸怀，尤其是在发生摩擦的时候。如何处理好这些关系和摩擦是个问题。社会其实是个互助的社会，一个人如果心胸狭小，总是从自私片面的角度去看问题，那又怎么能容忍别人呢？成大事者必须要懂得宽容他人，因为只有这样，才能真正地赢得人心。

宽大的胸怀不仅是豁达宽容性格中的一部分，也是处世之基本、成功之秘诀。与其在心中还留着怨恨，倒不如把心胸放宽，让自己有更多的包容力来面对人生，迎接未来。

生气最后伤害的只会是自己

遇到误解或中伤的事情，装装糊涂，他人气我我不气，一场是非之争就会在不知不觉中消失。

生气是人的天性，人人都有火气，每个人都有生气的时候，但是生气就好比用自己的脚去踢石头，最后疼的只会是自己。要想使自己不生气其实不难，当生气的时候，你得千方百计地想办法给自己消气。

“人生一世，草木一春”，人生短短几十年，为什么不让自己活得潇洒一点，开心一些，何苦总为一些小事而生气或焦虑呢?

“为小事而生气的人，生命是短促的。”这是美国成人教育家卡耐基劝人少生气时说的一句至理名言。

古时有一个妇人，特别喜欢为一些琐碎的小事生气。她也知道自己这样不好，便去求一位高僧为自己谈禅说道，开阔心胸。高僧听了她的讲述，一言不发地把她领到一座禅房中，锁上门就走了。

妇人气得跳脚大骂，抱怨了许久，高僧也不理会。过了一会儿，妇人就开始哀求起来，高僧仍置若罔闻。妇人终于沉默不说话了。高僧来到门外，问她：“你还生气吗？”

妇人说：“我只为我自己生气，我怎么会到这地方来受这份罪。”

“连自己都抱怨的人怎么能心如止水？”高僧拂袖而去。

过了一会儿，高僧又问她：“还生气吗？”

“不生气了。”妇人说。

“为什么？”

“气也没有办法呀。”

“你的气并未消逝，还压在心里，爆发后将会更加剧烈。”高僧又离开了。

高僧第三次来到门前，妇人告诉他：“我不生气了，因为不值得气。”

“知道值不值得，可见心中还有衡量，还是有气根。”高僧笑道。

当高僧的身影迎着夕阳立在门外时，妇人问高僧：“大师，什么是气？”高僧将手中的茶水倾洒于地。妇人视之良久，顿悟，叩谢而去。

一个人如果有了轻易就生气的坏性格，在生气过后还想着抱怨，这样不仅浪费时间，更不适合在这个社会好好地发展。英国哲学家培根曾说过：“一件争执或侵害的行为，不过是犯法而已。而对这种行为的报复，根本是侵夺了法律的权威与尊严。从另一方面来说，假如一个人实施报复的手段，他便和他的敌人同样坏。”事实上，生气时的争执只是浪费时间，生气只会让焦虑升级。

我国古典文学名著中描写过不少因生气而疾病缠身，或因心胸狭窄被活活气死的人，其中较典型的有两位：一位是《三国演义》中东吴的三军统帅周瑜，在与诸葛亮的三次斗智斗勇中均遭失败与羞辱，气得旧病复发，一命呜呼，临死前仰天长叹：“既生瑜，何生亮！”另一位是《红楼梦》中的林妹妹，平日就爱为小事生气，身体一直欠佳，得知深爱着的男人贾宝玉将与情敌薛宝钗结婚时，气得口吐鲜血，卧病不起，在贾宝玉结婚那天命赴黄泉。

所以，无论你遇见什么难事，都不要轻易动怒，生气如同人下楼不知从楼梯往下走，抱头往下滚那样愚蠢。

假如你想快快乐乐地生活，就必须从面对问题和解决问题中取得平衡点，不要动不动就生气或焦虑。我们应该学会控制自己，养成不轻易为小事生气的性格，更好的是尽量做到不焦虑。

当然，我们也不能因为生气做出让自己后悔的事情。万一碰上了让自己生气的事，先学会说“没关系”。生气的确是在做一件傻事，遇到不顺心的事情别忘了提醒自己，每个人都有根据自己的选择来行事的权利。遇上了特别令人气愤的事，也要“戒”字当先，戒除恼怒。

对人生的幸福和苦难而言，没有超越自我的气概，内视自守的精神品质，就不会在苦难的胁迫下，保持一个谈笑自如的我；没有对世情的彻悟，洒脱的生命情怀，也就不会在幸福的裹挟下，保持一个恬淡平和的心境。

一个真正能够迎接和承受各种人生际遇和挑战的人，绝不是气量狭小的平庸之徒，他可能会忧郁，但灵魂的天空不会黑云压城；他也许会兴奋，那是因为他能承受住自己。

宽容别人，才会给自己带来广阔的天空

荀子曾经说：“群子贤而能容墨，知而能容愚，博而能容浅，粹而能容杂。”西方有句谚语说：“世界上最大的是海洋，比海洋更大的是天空，比天空更广阔的是人的胸怀。”这里所说的就是宽容的道理。宽容是一种博大的胸怀，是一种崇高的美德。在为人处世中不搞唯我独尊，对不同的观点、行为要予以理解和尊重，即使自己有理，也不能咄咄逼人，得理不让人，把自己的观点和行为强加给别人，要尊重他人的自由选择。尊重别人就是尊重自己，宽容别人，才会给自己带来广阔的天空。

面对生活，我们需要包容，需要承受。承受是一种力度和气度，是一种坦然的接纳和始终清醒的生命理念，包容是为实现自我的一种收敛，是为寻求迸发所做的自我蓄积。

印度有一个师父对于徒弟不停地抱怨感到非常厌烦，于是有一天早上派徒弟去取一些盐回来。

当徒弟很不情愿地把盐取回来后，师父让徒弟把盐倒进水杯里喝下去，然后问他味道如何。

徒弟吐了出来，说：“很苦。”

师父笑着让徒弟带着一些盐和自己一起去湖边。

他们一路上没有说话。

来到湖边后，师父让徒弟把盐撒进湖水里，然后对徒弟说：“现在你喝点湖水。”

徒弟喝了口湖水。师父问：“有什么味道？”

徒弟回答：“很清凉。”

师父问：“尝到咸味了吗？”

徒弟说：“没有。”

然后，师父坐在这个总爱怨天尤人的徒弟身边，握着他的手说：“我们承受痛苦的容积的大小决定痛苦的程度。所以当你想要焦虑的时候，就把你的承受的容积放大些，不是一杯水，而是一个湖。”

我们要去包容人生变故中的各种打击，要去包容风霜雨雪。对人生的幸福和苦难而言，没有超越自我的气概，内视自守的精神和品质，就不会在苦难的胁迫下保持一个谈笑自如的自我；没有对世情的彻悟，洒脱的生命情怀，也就不会在幸福的裹挟下保持一个恬淡平和的心境。

一个真正能迎接和承受各种人生际遇和挑战的人，绝不是气量狭小的平庸之徒，他可能会忧郁，但灵魂的天空不会黑云压城；他也许会兴奋，但热泪盈盈中他不会因此迷失方向。因为他能包容对方，承受住自己。

一位留学美国的中国学生和朋友谈起了自己看问题视野的变化。

由于小学成绩优秀，他考上了县城的中学。他发现自己再不能像在小学时那样稳拿第一了，比自己好的同学原来都有六棱好铅笔，自己却没有，于是产生了忌妒，他焦虑天道不公。

经过几年的苦读，他又成为县中学的第一了。而他依然焦虑，人与人之间还是不平等的，为什么自己没有好钢笔呢？中学毕业后，他考上了北京的某所大学，再后来他留学到美国，看到了五光十色的西方世界。在他慢慢接触这个世界的同时，他的忌妒、自卑、怨恨也慢慢地消失。他学会了用一颗包容心去面对那些他焦虑的不平等，他才发现原来自己选取的比较标准发生了变化，看到的不再是自己的同学、同事和邻居，而是整个世界。

坐井观天的争斗只有一个结果，就是故步自封。当我们拥有并且放大了承受的胸怀，我们就能发现一个全新的世界。勇敢去承受的人，人生的步伐往往显得沉稳，能够包容人的世界往往是广阔的。

林肯在竞选总统前夕，他在参议院演说时，遭到一个参议员的羞辱，那参议员说："林肯先生，在你开始演讲之前，我希望你记住自己是个鞋匠的儿子。""我非常感谢你使我记起了我的父亲，他已经过世了，我一定记住你的忠告，我知道我做总统无法像我父亲做鞋匠那样做得好。"参议院陷入了一片沉默。他转过头来对那个傲慢的议员说："据我所知，我的父亲以前也为你的家人做过鞋子，如果你的鞋子不合脚，我可以帮你改正它。虽然我不是伟大的鞋匠，但我从小就跟我的父亲学会了做鞋子的技术。"

然后，他又对所有的参议员说："对参议院的任何人都一样，如果你们穿的那双鞋是我父亲做的，而它们需要修理或改善，我一定尽可能的帮忙。但有一点可以肯定，他的手艺是无人能比的。"说到这里，所有的嘲笑化作了真诚的掌声。有人批评林肯总统对待政敌的态度："你为什么试图让他们变成朋友呢？你应该想办法打击他们，消灭他们才对。""我们难道不是在消灭政敌吗？当我们成为朋友时，政敌就不存在了。"林肯总统温和地说。这就是林肯总统消灭政敌的方法，将敌人变成朋友。

宽就是宽敞，有缝隙，能通过，容，就是容纳、接纳以及有时候还有容忍的意思。所以，宽容不是一件容易的事情，因为宽容的前奏是，别人做了对不起我们的事情或者公益的事情，也就是我们的利益相对受损的时候。

有容乃大，是时代最珍重的人性品格，是时代成功者务必锻造的一种人性。宽容是以辽阔的胸襟容纳各种智慧，是辉映创造性的文化品格。宽容是一种与人相处的素质，一种时代崇尚的品德，更是吸纳他人长处，充实自我，创造自我价值的良好思维品质。宽容是塑造一个健康的社会文化氛围，使每个人的个性、天分和志趣得到尊重和发展，使我们生存的社会成为百花争艳的世界。

过分羡慕富贵会走上歧路

当看到高级车嚣张地驰骋而过时，当看到高级别墅里金碧辉煌的灯光，你的心里是不是会生出丝丝羡慕？也期望着某一天自己同样能过上这种富贵奢华的生活。我们每个人都对财富与奢华的生活有种羡慕，这种羡慕可能会成为我们前进的动力，但过分羡慕富贵可能会使我们走上歧路，会毁了我们的一生。

人们总会有这样的想法，越是自己没有的越想得到，总是会羡慕自己没有的东西。如失败者总是羡慕成功者、丑陋者总是羡慕美貌者一样，穷人当然总是把富人看作是羡慕的对象。富人的生活似乎在穷人的眼中是神仙过的日子：锦衣、美食、香车、美女，还有豪宅、别墅，这一切都让穷人羡慕不已。而穷人的日子则差得很多：劣酒，差食，甚至可能讨个老婆都困难，连住的房子也往往是简陋不堪的。然而财富带给一个人有可能是富裕的生活，也有可能是灾难，如果你不择手段地追求财富，财富就可能不择手段地对付你。

2009 年 7 月 15 日，北京市第二中级人民法院对中国石油化工集团公司原总经理、中国石油化工股份有限公司原董事长陈同海做出一审判决，认定陈同海犯受贿罪，判处死刑，缓期二年执行，剥夺政治权利终身，并处没收个人全部财产。陈同海在 1999 年至 2007 年 6 月期间，利用其担任中国石油化工集团公司副总经理、总经理和中国石油化工股份有限公司副董事长、董事长的职务便利，在企业经营、转让土地、承揽工程等方面为他人谋取利益，收受他人钱款共计折合人民币 1.9573 亿余元。陈同海曾经拥有非常辉煌的人生，按理说，他早就已经过上了衣食无忧的生活，但对财富的过分执迷，使得他贪得无厌，最终毁掉了自己的大好前程，也给家人带来了无限的痛苦。

所以，我们不能过分地羡慕富人，不能过分地追求财富，要知道安贫乐道也是一种幸福。富贵的生活固然很吸引人，但安贫乐道的生活也有值得羡慕之处。因为这世界上，财富并不是衡量人成功的唯一指标。富人虽然拥有金钱，但许多东西金钱却是无能为力的。金钱买不到幸福的生活，买不到健康的身体，买不到真挚的爱情，买不到纯真的友谊，买不到聪明智慧，也买不到长生不老。你再有钱，你再阔，最终你还是和所有人一样要睡在冰冷的棺材里。穷人虽然最缺乏的是金钱；但是没有金钱，穷人却照样可以拥有许多宝贵的东西。而且富贵的生活也并不是表面上看起来的那么光鲜亮丽。

小乔开了一家咖啡店。他在朋友圈发了一条动态之后，身边的很多朋友都帮忙转发咖啡店的宣传信息到各自的朋友圈，帮他宣传。那几天的朋友圈一直被他的咖啡店的信息刷屏了。

以前一片寂静的群，已经很久没有人往上面发信息了，可那几天，群里面却聊得格外的火暴，瞬间多了上千条的聊天记录。

“厉害，毕业没几年就当上老板了。”

“天啊，乔老板你这个有钱人，隐藏得这么深。”

“恭喜乔老板，有钱了可别忘了我们这群朋友啊。”

群里面，被各种各样的羡慕妒忌恨的声音持续地刷屏。小乔在大家心里的地位，瞬间上升了好几层。

而私下里，在女生的群里面，也在议论纷纷。有女生说："要是知道他这么厉害，那我当初就跟他在一起算了。"看到小乔的咖啡店，大家都觉得小乔大有出息，左一声乔老板，右一声乔老板地叫着，更有女生开始献殷勤。大家都觉得小乔现在过得异常的好，不同的人，投去了不同的眼光，都想跟他进一步联系。

后来，一位与小乔在同一座城的同学，趁着闲暇时间去了小乔的咖啡店捧个场，顺便会会小乔，看看开店之后生意如何。可是，他去到咖啡店，却没有看到小乔在店里面。

这位同学只能打电话给小乔，小乔说正在上班，让他等一等，他马上就过来店里面了。听完小乔的电话，这位同学瞬间蒙了，并不知道他在上什么班。

这位同学在咖啡店逛了一会儿，也跟咖啡店里面的服务员闲聊了一下，才知道小乔是其中的一个股东。等了一会儿，只见小乔穿着一身的西装，背着一个电脑包出现在这位同学的面前。小乔很抱歉地说："不好意思，久等啦。"

两个人坐下后，便开始聊天，不知不觉聊了一下午。最后这位同学才知道，小乔只是其中的一个股东，而咖啡店运营到现在仍然是亏本状态，他自己身上其实也没有什么资金了，所以，趁着空闲时间，在其他公司多做了一份工作，去跑跑业务，多赚一点钱补贴过日子。

小乔说，自己的日子，并没有大家看到的那么好，只是看着那么多人在群里不停地讨论，碍于面子，也没有说开。创业哪有那么容易啊，刚开始创业，哪有可能一开始就那么富有啊。

我们每个人其实都在为生活不断地拼搏努力，我相信我们此刻经历的东西，跟我们同龄人的朋友也都在经历着的。

不用去轻易羡慕别人的生活，当你深入了解了之后，你可能会发现，其实别人并没有你想象中过得那么好。不用去轻易羡慕别人的生活，不要觉得自己跟别人之间的距离差之千里，其实，别人可能跟你一样，正在摸索与起步。

不用去轻易羡慕别人的生活，人与人之间，无非就是你看看我，我看看你。其实，你要做的，只是静下心来，看看自己，然后一步一步朝着自己想要的方向去努力。

是做金钱的主人，还是做金钱的奴隶

不可否认，钱在我们的生活当中的确占据着很重要的地位，它能保障我们的衣食住行，使我们免受流离之苦；它能提高我们的生活质量，让我们生活得更加幸福快乐。所以，无论你是达官显贵，还是贩夫走卒，都离不开钱。而真正的生活质量，不在于是否位高权重，腰缠万贯，名利耀世，金屋藏娇，也不在于是否清贫，而在于生活的真实和充实。

《茶花女》书中有一句名言："金钱是好仆人、坏主人。"是做金钱的主人，还是做金钱的奴隶，这反映了两种不同的金钱观。

贫穷不但使人失去机会，同时还会毁掉人的进取心，破坏自信心，但如果再在贫穷之上加上债务，那么，成为这两位残酷无情监工的奴隶的人，他的人生注定失败无疑。

因为，缺钱就好像缺钙，很容易让人患上软骨症。缺钱带来的精神上的损害，往往比物质上的匮乏更加可怕。

当一个人身背债务的时候，就会应了拿破仑·希尔那句话——债务使人变成奴隶，拿破仑·希尔在这里所说的奴隶当然不是需要你打工来还债的奴隶，更多的意思是指尊严方面，是精神方面的奴隶。

事实难道不是这样吗？虽然债权人在你面前并没有表现出颐指气使，但债务人的自我感觉往往还是“矮了三分”。因为并非人在奴役你，而是金钱在奴役你。

《圣经》就此对人们做出如此的劝告——不要欠债。利息或任何形式的负债都是要严格避免的，因为债务人总是以某种形式被债权人奴役，长此以往，就会走向道德和精神的沦落。

债务就像泥浆，能够把它的受害者一步一步地拉进沼泽。一个头上顶着沉重的债务的人，必然会被生活压得喘不过气来。一定没有时间，也没有心情去创造或实现理想，结果是随着时间流逝，最后开始在自己的意识里对自己做了种种的限制，使自己被包围在恐惧与怀疑的高墙之中，永远逃不出去。

因为借钱本身便使人气馁，并且借来的钱绝对没有像赚来的钱那样可振作精神。“想想看，你自己及家人是否欠了别人什么，然后下定决心不欠任何人的债。”这是一位成功的人士所提出的忠告。

是的，我们必须面对这样一个事实——缺钱，就很容易陷入恶性循环。

没有钱，就很难有所作为，柴米油盐就够你操心不已的了；没有钱，就不敢放弃手里这块面包，去追求更多更好的东西；没有钱，就只能在穷人堆里混，进不了上层人的圈子……

总之，缺钱的后果不仅是影响到生活的质量，更重要的是影响到心态和眼光，影响到为人处世的方法，影响到人的整个前途。因此，为了你自己，为了你的家庭、国家有好的生活水平，在生活中努力奋斗去赚钱，做生意是一项责任，而不是罪恶。

理财专家苏茜·欧曼总结出，人的一生中有 3 个取得金钱的正常途径。

第一个途径是通过工作取得。我们多数人能够工作的时间长度有限，所以将有很多年的时间只花钱而不挣钱。

第二个途径是继承。随着人的平均寿命慢慢上升到80岁甚至更高，在你见到你希望得到的钱之前，也许你已经到了退休年龄。

第三个获得金钱的途径是最有力量和最有尊严的，这就是用你工作多年积攒下来的金钱进行明智的投资，在你不想或不能够再工作时让金钱为你工作。如果带着尊严去投资，如果及时进行投资让金钱增长，这些收益将很好地照顾你，并继续照顾那些你身后的人。

为别人工作，这样的工作是暂时的。你可能认为工作是你生活的保障，然而在当今社会没有人能在一份工作上安安稳稳地过上一辈子。当你拿着别人羡慕的年薪的时候，有没有想过，有一天会面临失业？

你是否曾经思考过：大半辈子赚来的钱是否足以养老？可能还有许多人没有考虑过这个问题。

在写字楼做咨询顾问的谢天在同事眼中工作得很自在，工作只是他生活的一种方式，而不是必需。现在，他40岁，主要收入来源是一些房产租赁、股票分红，随时停下手中的工作，他账户里的钞票都在增长。

从为生活而工作到可以把工作当生活的一部分，谢天花了20年时间。他说，前10多年，和大多数人一样，他拼命工作，努力赚钱，真正的变化是在后面几年。“我告诉自己，赚钱不应是生活的目标，如果永远都在担心下一刻没钱赚，我的生活根本没有质量可言。”

接下来的几年时间里，他自己做自己的财务规划。一方面对自己以前积蓄的财产做梳理，去掉保险支出之后，他进行了一些长期回报的投资；另一方面，他又和朋友合作办了几家公司，他主要以专家顾问身份为他们提供一些咨询。财务上的自由，带给谢天工作一种全心而自由的面貌。

曾经有人总结人们在财务困境中挣扎的主要原因是：人们虽然在学校里学习多年，却没有学到任何关于金钱方面的知识。其结果是，人们只知道为金钱而工作……但从来不学着让金钱为自己工作。

从现在开始，如果你想改变你的人生，那么你就有必要为你的财务负起责任，否则你的一生只会听从别人的命令。如果你相信“贪财乃万恶之源”，你将永远是金钱的奴隶。而如果你相信“贫困才是万恶之本”，那么你就有机会成为金钱的主人。

成功的华尔街投资者、《如何成为亿万富翁》一书的作者马丁·弗里德森提出了一个观点，全神贯注、集中注意力，是亿万富翁与众不同的一个特征。他们必须关注风险，但那还不够。核心在于控制一块资产，不一定要廉价获得。很多人能够理解并遵循低买高卖的法则，但超级富豪的法则是，控制一块资产并增加它的价值。从个性角度讲，就是盯住目标，就像有人立志要成为奥运冠军一样。

记得《新约·马太福音》中有这样一个故事，一个国王远行前，交给三个仆人每人一锭银子，吩咐他们：“你们去做生意，等我回来时，再来见我。”

国王回来时，第一个仆人说：“主人，你交给我们的一锭银子，我已赚了 10 锭。”于是国王奖励他 10 座城邑。

第二个仆人报告说：“主人，你给我的一锭银子，我已赚了 5 锭。”于是国王奖励了他 5 座城邑。

第三个仆人报告说：“主人，你给我的一锭银子，我一直包在手巾里存着，我怕丢失，一直没有拿出来。”于是国王命令将第三个仆人的一锭银子也赏给第一个仆人，并且说：“凡是少的，就连他所有的也要夺过来。凡是多的，还要给他，叫他多多益善。”这就是马太效应。

看看我们周围，就可以发现许多马太效应的例子。朋友多的人会借助频繁的交往得到更多的朋友；缺少朋友的人会一直孤独下去。金钱方面更是如此，即使投资回报率相同，一个比别人投资多10倍的人，收益也多10倍。

我们要学会做金钱的主人，而不是金钱的奴隶！养成合理用钱的习惯，有利于我们树立正确的金钱观，指导我们理性地对待金钱，用到有利于全面发展自己、实现人生价值的地方。我们要做既会赚钱又会花钱的人，才是最幸福的人，因为他们享受到了金钱所带来的快乐。人的富贵生不带来，死不带去，是没有永恒实在意义的。

人气就是财气，赢得人气便赢得财富

我们自古以来都在接受这样的教育：只有节约才能省下来，越节俭才能越攒得下钱；不管赚多少，只有省下来的，才是自己赚的等理念，但我们看看周围的人那些从小就大手大脚地请朋友吃饭或者花钱的人，到现在依然有条件大手大脚地花钱，而那些每次一到了付钱的时候就自行车锁不上或者就是没有带钱包的人，多少年之后，依然过着拮据的生活。也许我们在生活中会吃点小亏，花点小钱，但换来了人气，人气就是财气。赢得名气便赢得财富。

有一个故事，在寒冷的夜里，一位抱着柴火的人，对着一只因缺柴而熄灭的大火炉叫道："你什么时候给我以温暖，我什么时候才会给你添加柴火"。

当你感到手头"短缺"或"需要"什么时，你必须有这样一个思路，那就是首先要想到给予，只有先"予"，你才会在将来"取"得回报，无论金钱、微笑、爱情还是友谊，都是这样。

但是人们常常会把这件事放在最后，总是像那个抱着柴火的人一样信奉“得到，然后再付出”。

事实的确是这样的，你需要金钱，你就应该给予别人以金钱，而且表现得一定要大方一点，然后你才能成倍地收回这些金钱。记住这句谚语“上帝不需要得到什么，可人类却需要付出什么”。也要记住尼采的话：兄弟，如果你是幸运的，你只需有一种道德而不要贪多，这样，你过桥更容易些。

“财散人聚”的要领在于不计当前利益，着重长远利益，吃小亏，占大便宜。

东汉时期，有个在朝官吏叫甄宇，时任太学博士。他为人忠厚，遇事谦让，人缘极好。有一年临近除夕，皇上赐给群臣每人一只外番进贡的活羊。

具体分配时，负责人犯了愁：因为这批羊有大有小，肥瘦不均，难以分发。大臣们纷纷献策：

有人主张把羊通通杀掉，肥瘦搭配，人均一份；

有人主张抓阄分羊，好坏全凭运气……

朝堂上像炸开了锅，七嘴八舌争论不休。这时，甄宇慢慢走到一只最瘦小的羊跟前，然后说话了：“分只羊有这么费劲吗？我看大伙儿随便牵一只羊走算了。”说完，他率先牵了那只羊回家了。

众大臣见此情景，纷纷效仿，羊很快被分发完毕，众人皆大欢喜。

此事传到光武帝耳中，甄宇由此获得了“瘦羊博士”的美誉，称颂于朝野之间。不久在群臣推举下，他又被朝廷提拔为太学博士院院长。

大方一点表面是吃亏，其实是占大便宜，这样的例子在当今商品社会更被发挥得“淋漓尽致”。

先说一个外国人的例子。

颇有致富头脑的拿破仑·希尔有一次被一所学院邀请去讲学。他受到从未有过的热烈的欢迎，并遇见了许多可爱的人士，从他们身上得到了许多珍贵的教益。他说此行不虚，因此婉言拒绝了学校付给他的一百美元报酬。

第二天早晨，学院院长对学生动情地说："在我主持这家学院的20年期间，我曾经邀请过几十位人士前来向学生们发表演说。但是这是我第一次知道有人拒绝接受他的演讲酬金，因为，他认为他已在其他方面有所收获，足以弥补他的演讲酬金。这位先生是一家全国性杂志的总编辑，因此，我建议你们每个人都去订阅他的杂志。因为，像他这样的人，一定拥有许多美德及能力，是你们将来离开学校，踏入社会时所必须用到的。"

不久，拿破仑·希尔所主编的那家杂志社收到了这些学生6000多美元的订阅费。在以后的两年当中，这所学院的学生以及他们的朋友一共订阅了50000多美元的杂志。

在这个故事里，如果把拿破仑·希尔拒收的100美元看作是投资的话，谁能够在别处以其他方式获得如此大的利润呢?

在我国，深知"财散人聚"，以善于"吃亏"而闻名的温州商人中，就有这样一位姓刘的大老板。他在陕西铜川开了家机电设备公司。

有一次，一位老客户急匆匆地来到公司买电器配件。刘老板找遍公司所有存货，都没这个配件。如果客户拿不到这个配件，其所在的企业停工一天将损失5万多元。看到客户火烧眉毛的着急样子，刘老板便安慰客户不要着急，并保证在一天之内一定把货搞到。而接下来所发生的，是大家可能想不到的。

刘老板首先打的直奔西安，谁知西安没有。于是又连夜乘机飞赴杭州，下飞机已是凌晨3点。他付了几百元车费又打的赶往温州老家。

在温州，几经周折联系了十几个厂家后方才买到那个奇缺的电器配件。为了赶时间到温州机场，出租车路过家门口，他没有叫停以探望二老。当他把货交到客户手中时，一看表，正好24个小时。一个

300 元的配件，顶多赚 30 元的利润，但刘老板付出的，除受累受饿不说，还付出了 3000 多元的出租车和飞机票的钱。

客户所在企业第二天敲锣打鼓送来大匾，还带上当地媒体……很快，刘老板甘愿吃亏的事在业内流传，其公司生意也就日益兴隆。

甄宇吃小亏牵走了小羊，却被皇上器重；拿破仑·希尔不要报酬，刘老板为了给客户买配件，看似吃了亏了，但与他们日后赚取的旺盛人气，以及千万元财富相比，又算得了什么？

为别人着想，替自己打算，财聚人散，财散人聚。花点小钱，故意吃点小亏不算什么，而是有着深谋远虑的精明之举。吃小亏占大便宜，古今亦然。

PART 06

压力感是自己逼出来的，关键在你自己

真正引起内心焦虑不安是另有其因

在现实的生活中，我们每一个人都有各种各样不同的焦虑源，譬如说房屋、升学入学、职场的适应、职场的考核、人际关系的处理等，甚至小到买一盆花。

这里有一个关于买房子的故事：故事的男女主角都是我的朋友，他们的家庭环境都不错，先生家是本地人，有自己的家族企业，太太的父母是国企职工，只身到深圳打拼。因为是在同一个行业工作，机缘巧合之下，两个人认识相恋并结婚，又有了孩子。刚开始的时候，他们住在由夫家出资购买的房子里，婆婆也过来一起帮忙带孩子，虽然生活里面会有些小摩擦，但是总体的来说还好。就这样过了几年，他们开始购买第二套房子，在太太的坚持下，房屋的业主名写的是太太，刚拿到房产证的时候，太太大有扬眉吐气感，这么对朋友说，我终于有我自己的房子了。朋友都笑话她矫情，因为都知道她的夫家很有钱，他们夫妻的收入也很高，虽然她本人的收入稍低于丈夫，关键是那是发生在新婚姻法出台之前，也就是说这套房子不管写谁的名字，其实都属于夫妻共有的财产。

在这个故事里，我作为女主角的朋友，从事心理咨询的职业敏感，能感受到在家庭生活里，她或多或少也有些不如意，和经济物质无关，和房屋无关，而是有关于关系和自我的定位——在家庭里的价值感。当我们感觉到焦虑不安的时候，往往只留意到和现实需要中的关联，但其实它往往只是一个表象，真正引起我们内心焦虑不安是另有其因。焦虑是一种常见的情绪状态，以考试失利为例，在现实层面会因为成绩不佳而被父母责罚，因为即将到来的责罚，而情绪不佳，不安紧张等等，这是面层的表象，在这个表象之下，其实是担心或者说渴望被父母认可。

焦虑的本质根源，不同的心理学理论流派有不同的解读，人本存在主义心理学家罗洛·梅认为人类的本质和人的存在是发展的，在发展的过程中，人的存在感调节和控制着人的行为，使得人能够克服一切障碍并逐渐自我完善。但是，现实生活中并没有那么理想，人的存在总是会遇到困难和挫折，焦虑也就成了一种基本的现象，是必然的，不可避免的，只是程度和表现不同。“人的存在”不单指人的生命的存在，还有个体的信念和价值观等，当面对死亡的威胁时，会感到焦虑，这在得知患有绝症的患者身上能感知到；当自我的至关重要的信念或者是价值受到威胁时，也会感到焦虑，如在职场上某项工作被否定，或者是面临竞争对手时的压力等。

其实威胁更多是人的主观感受。焦虑是一种心理活动，也是一种强烈的心理冲突，冲突的核心是“发挥自我潜能，体现自我价值”和“安全感缺失”之间的矛盾。死亡是所有焦虑的根本根源，其次是人的价值观的丧失。人是社会的产物，是有思想有感情有创造力的，这和社会，社会文化，自然密切相关联，所以焦虑的性质、程度、形式和数量，都受到了社会文化背景的影响和限制，最直接可观察到的是，在西方国家他们并不热衷于购买房产，没有所谓购房的压力，不同的价值观，对房产有着不同的执着，如那两篇文章的主角。

焦虑给人带来的体验并不愉快，我们本能地希望摆脱它，会有意识地去做一些事，让自己脱离这种不愉快的体验，比如逛街，健身，美食，旅游。可是亲爱的朋友，我们通过在生活中不同的体验来感受自己的存在、内在的需要，常常忘了这些情绪感受、还有别的作用。焦虑对人的影响具有两面性，既是有建设性的一面，也有破坏性的一面。焦虑建设性的一面在于焦虑是一个警报，它提醒我们这个事情很重要，需要花费更多的心力和能量去应对，比如在接手一个难度比较大的工作任务时，焦虑会促使我们甚至不惜加班去翻阅更多的资料，做更多的思考，反复修改方案。焦虑破坏性的一面在于这种不愉快的体验会影响我们的生活质量，例如无法好好地去享受一顿美食，观赏身边的美景等等。

在心理治疗中，焦虑反应被区分为正常焦虑和神经质焦虑，人们面对焦虑时的应对方式不同，就会出现不同的焦虑反应。

正常焦虑反应，通常是由一定原因引发的，持续时间短，紧张不安等反应是适度的。当遇到困难和挫折时不是回避，不是单纯地找责任，而是能集中注意力去找资源来应对处理。举一个例子，在深圳，中考的压力和紧张度并不低于高考，当老师告诉家长，他的孩子成绩不佳，考上公立高中的可能性不高时，无论是家长还是这个孩子，一定会感到很焦虑，正常的焦虑反应是反思学习的薄弱点，影响学习成绩的因素，然后会督促孩子学习，给出学习方面的调整建议，寻找老师进行一对一的辅导，寻找更多的可能性选择等等。正常焦虑会促进人的发展，是有积极作用的。

神经性焦虑反应，这种界定只是程度上的划分，通常是指没有具体原因地感到紧张不安，或者是没有现实依据地预感到灾难或者威胁要降临，有大祸临头的感觉，而且是持久的。会对客观危险做出不适当的过度的反应，譬如压抑，禁忌或者逃跑等等来消除焦虑感。就是刚刚那个例子，面临成绩不佳的情况下，家长和孩子的焦虑担心是难免的，这样就有可能出现，孩子因为无法承受，觉得自己再怎么学也是没有用的而自暴自弃或是找其他貌似合理的理由来逃避，在我的咨询里有这么一个孩子，他告诉父母说学习不是成才的唯一路径，所以他不打算去参加中考，劝父母不要有那么多的担忧，他说他可以通过电子竞游来养活自己，在这个案例里，这样的应对并不是积极的，而是逃避的，孩子的父母并没有给孩子过多的责备，感觉很无奈，也很担忧，并做了很多的努力。还有一种可能，就是我们会看到那个孩子很听话，努力地延长自己学习的时间，但结果是孩子的成绩并没有提升反而可能会下降，精神状态更萎靡，那是因为没有合适的方法去处理困难，反而是花费了大量的精力去对抗焦虑感。

神经性焦虑可以通过心理咨询来获得调整、改善、消除。

这里我需要做一个说明，焦虑和恐惧是不同的，虽然他们同样会让我们感受到紧张和不安，但是恐惧它的对象是明确具体的，当这个恐惧对象消失的时候，所有的不适感也就会消失。而焦虑，焦虑的对象是模糊不清的，焦虑会危及到人的存在的核心，扭曲人的认知，阻碍人的社会功能的发挥，在我的咨询中可看到，焦虑的程度，持续时间的长短等不同，来访者的判断力、管理力、认知能力、自我情绪调节能力等自我功能不同程度地下降，甚至无法正常地工作和生活。我的一个个案，用现在的社会标准来说，他可说是一个成功人士，他因为痛苦感来做咨询，告诉我，在工作中，他常常因为紧张而感觉到身体在颤抖，感觉到自己说话有颤音甚至结巴， 与他人洽谈时，常常会因为紧张而脑袋一片空白，非常担心因为这样的状态而影响生意的洽谈，担心因为有意外会毁了他的事业；在生活上，他说他感觉不到开心，休假外出旅游时，在谈成一单生意时，只是有一瞬间的放松，紧接着就是担心下一次。这是一个很典型的神经症焦虑。

焦虑的症状会体现在身体和精神两个方面，会因人而异，一些人会更多地感受在身体方面，而有些人则更多地体现在精神方面。在这里，我会就这两方面做简单的介绍，大家可以对照这些症状表现来做自我检查。

身体上的焦虑，主要表现在神经功能的紊乱，检查不出生理上的病变却能清楚地感受到身体上各种不适。比如感觉呼吸不畅、气短甚至有窒息感；胸闷胸痛，心慌心悸，但是，心电图显示是正常的；在神经系统方面，有耳鸣、眩晕、身体发麻或刺痛感；在消化系统方面，口干口臭，有恶心感，甚至消化不良腹痛等；在运动肌肉方面有紧绷感、头痛、肩颈腰背疼痛甚至僵硬；睡眠困难，比如说入睡难，睡眠浅，易醒多梦等，这些都是身体方面的表现。

精神上的焦虑，主要表现在感觉紧张不安、害怕、焦躁等。比如，我们在情绪上会感觉到很容易激怒，明明很小的事情却会发大火；注意力也很难集中，记忆力下降；对声音，对光，过于敏感，甚至不能忍受；常常感觉自己的动作姿势不自然，会坐立不安，心神不宁，搓手顿足来回地走动，甚至是不由自主地发抖。这些都是精神方面的表现。

焦虑症状表现并不严重时，常会被我们忽略了，简单地将焦虑与某单一事件关联。

焦虑的核心是过度担忧，所以自我的心态尤为重要。当我们能接受客观现实，并不能总按着我们的主观愿望去发展时，也就能相对心宽，凡事能想得开一些，即老话说的知足常乐。在心理治疗中有一个共识，影响我们的现状，更多的是源于我们的主观事实，指的是，我们是如何看待解读客观事件的。以妈妈不给孩子糖吃为例，如果孩子理解成是因为妈妈担心我会有蛀牙所以才不让我吃糖，那么在这个孩子的主观事实里面是妈妈很爱我，但是，如果孩子的理解是，因为家里的糖不多了所以妈妈才不让我吃糖，那么在这个孩子的主观事实里面可能是妈妈在意糖更多过在意我，甚至会得出一个结论：妈妈不爱我。心理治疗并不能够改变客观事实的发生和存在，之所以心理治疗会有效果，就是基于通过体验获得新的理解和认知。

自信是消除焦虑感的必要前提。当我们对自己没有信心，对自己完成和应付事件的能力抱有怀疑时，就不可避免地会夸大自己失败的可能性，从而会忧虑紧张和恐惧。或者是对自己的拥有持有怀疑时，就会对自己的某些情绪感受和欲望进行了压抑，往往会被压抑到无意识中去，但它并没有消失，而是潜伏在我们的潜意识里影响着我们，神经性焦虑往往源于此。

轻微焦虑是可以依靠个人的自我调整来消除，关键在于我们不用自认为合理的其他理由来掩饰它的存在。今天我和大家一起来分享几种自我调整的方法。

自我设想放松

当你感到心神不宁时，可以有意识地在行为上表现得快乐，轻松和自信，想象自己在碧波荡漾的海边或湖边，沐浴着温暖和煦的阳光，听着波涛轻拍岸时的声音，闻着空气中清新宜人的气息，那意识里将自己置身于其中，感受微风轻抚肌肤的舒适，让自己的身心得到全面的放松。有人会说这个方法听起来很容易，但做起来很难，嗯，刚开始的时候确实不容易，需要多练习。

呼吸放松

要点在于学习和掌握呼吸调节，放松全身肌肉从而消除杂念获得放松。以感觉舒适的姿势坐着不动，闭上双眼，将注意力放到呼吸上，轻轻地呼吸，慢慢地呼吸，让自己的呼吸渐轻渐缓渐深，然后开始在心里给自己指令，从头部开始放松，再到颈部，肩部，胸腹部，臀部，四肢，手指，最后到脚趾的放松，要依序进行，过程可以借助反复的肌肉紧绷、放松、紧绷、放松来达到效果。借助意识的力量使自己全身放松，可以让自己处于一个平和安静的状态，随着全身的放松，焦虑心理就可以慢慢得到平缓。

分析法

由于焦虑往往是预期性的，而且是往最糟糕的方面去设想，以至于产生预期的恐惧。在开始前，请先准备好一支笔和一张白纸，这很关键，是必备的；第二步是将引起焦虑感的所有事件一一罗列出来，并写出这些事件会带来的最坏可能性；第三步是对每个事件列出三个解决方法；第四步是就选出来的方法，制订行动的计划。分析法的核心理念是方法总比困难多。

焦虑有时是可以依靠个人自己的调整获得缓解、解除，但是如果您的焦虑情况已经持续了很长时间，而且你也试过了各种你能想到的方法但它依然存在，那么，请不要讳疾忌医，这会增加您的痛苦感的同时，也会延长医治需要的时间。

沉稳的性格是赢得成功的基础

世界上很多成功者都是性格沉稳的人，性格沉稳的人无论在生活中遇到任何挫折都不会产生丧气，抑郁，悲伤，绝望等等严重影响心理健康的负面情绪。

沉稳的性格不仅是一个人心理成熟的表现，更是为自己赢得成功的基础，拥有沉稳性格的人能做到遇事从不慌乱，从容面对生活中出现的任何危机。

读史鉴今，养成一个稳重的好习惯，才能避免盲动，做事有理有据，不至于陷入被动的局面。

曹玮是宋朝时渭州的知州，兼营本地军事。他训练出的军队英勇善战，西夏人很惧怕他，因此，朝廷一直让他踞守于此。

一天，曹玮在州府内宴请宾客，部下将军都在席上陪同。宴后，曹玮要与宾客下棋，刚刚摆好棋子，只见一名士兵慌慌张张地跑进来，禀告曹玮说：“大事不好，有士兵叛逃到西夏去了。”周围的将官与宾客听了都很震惊。

曹玮也很吃惊，但他为人精明稳重，马上意识到自己是主帅，应该稳住大局，不能像其他人一样慌乱，而抱怨部下，尤其是如今宾客尚在，人多嘴杂，难免出现纰漏。

所以，他急忙止住士兵的话说："不要大惊小怪，他们是我派去的，你千万不要把此事声张出去。"

曹玮的话不知道怎么传到了西夏，西夏人以为逃亡来的宋营士兵是奸细，非常气愤，立即把他们杀了，并把人头抛向宋朝的边境。自此，再也没有士兵叛逃。

在没有思想准备的情况下，曹玮以不变应万变，不但迅速稳定了情绪，而且将计就计，顺水推舟，一下子变不利为有利了。伟大人物都是"镇静"的高手，因为他们懂得，焦虑对解决问题毫无意义，只有沉下心，才可能让办法浮出水面。

我们经常会看到这样一个场面，面对突然变故，一些核心人物总会大喝一声："慌什么！"这句话一半是提醒别人，另一半则是在暗示自己。惊慌焦虑容易使人失去正常的思考能力，使人丢三落四，语无伦次。

在美国，有一位具有 27 年飞行经验的驾驶员，在一次采访中介绍了他的一段飞行史中最不平常的经历：

在第二次世界大战时，他是 F-6 型飞机的飞行员。一天，他们接到战斗命令，从航空母舰上起飞后，来到东京湾。他按要求把飞机升到距离海面 300 英尺（1 米 =3.2808 英尺）的高度做俯冲轰炸。300 英尺低空飞行在今天可能不算什么，但在当时，这已经是很低的飞行高度。正当他以极快的速度下降并开始做水平飞行的时候，他飞机的左翼突然被击中，整架飞机翻了过来。

人在飞机中，是很容易失去平衡感的，尤其在天和海都是蓝色的时候。飞机中弹后，他需要马上判断他的位置，以便决定他应该向上还是向下操纵他的飞机。但是，在最初那一瞬间、在那生死攸关的关键时刻，他没有去碰驾驶舱里任何控制开关，只是强迫自己冷静、思考、理智，于是，他发现蓝色的海面在他的头顶上，知道了自己确切的位置，知道了自己的飞机是翻转了。这时，他迅速地推动操纵杆，把他的位置调整了过来。在那一瞬间里，如果他冲动地依靠他的本能，慌乱地操作，那么，他可能会把大海当作蓝天，一头撞进海里葬身鱼腹。这位老飞行员在回忆过后，语重心长地对记者感慨道："是我的冷静挽救了我的性命。"

一切都在变化之中，发生突变事件是难免的，老飞行员能从冷静中挽回性命，如果那时他只是想着飞机是谁维护的？老天为什么这样惩罚他？那他就只有死路一条了。

然而，正是他稳定、理智的情绪救了他。可稳定的情绪来源于何处？答案是来源于正视事实，接受事实。理智的人在危险面前能保持头脑清醒，因此能临危不惧，化险为夷。那么，我们该如何成为稳重的人呢？

1. 遇事冷静，临危不乱。很多时候，我们遇见一个突发事件，总是乱了阵脚，不知如何是好，到处求援，固然找人帮助是个不错的选择，可是这得建立在你的的确确无能为力的状况下，请在求援之前，反思自己是不是尽了百分之百的努力，是不是再试一次事情就有了转机呢？无论什么时候请牢记，自己才是自己的上帝，没有人会无缘无故地帮你，迟早你是要还的。镇静地对待周遭的一切，并在脑中迅速寻求解决的办法。

2. 学会控制自己的情绪，特别是负面的情绪，并且不要轻易向他人显露。很多时候，我们感到焦躁不安，或者苦恼无人理解，或者为一些不公平的事焦虑不已，人不是神，总会有这样那样的烦恼，但请记住，冷暖自知，不要把这些摆在脸上，他人不是你情绪的发泄口，不要渴望得到同情的眼神，那是弱者，不可以是你。我本人是个典型的巨蟹座，情绪异常丰富，来得快去得也快，很容易为了些小事就胡思乱想，搞得自己矛盾纠结，事后再想来其实没什么大不了的，你总是得靠自己的力量挺过来。而且经常改自己的 QQ 个性签名，以后要注意不要再这么外泄自己的情绪了，请记住一定要学会控制自己的情绪，骄傲的时候放在内心表扬下自己，难过的时候自己默默思考一会，此时切记少说话，少行为。

3. 不打无准备之战。做任何事前要做足充分的准备，别以为在演讲时滔滔不绝的人都是天才，别人付出的努力是你看不到的，所以请在做一些如演讲、竞选、答辩、面试等其他重要的事前做好充足的准备，尽可能多地设想会发生的情况，最好记下来，心中有底，才能对答如流，日积月累自然会有很大的收获与提高。

4. 不要急功近利，要学会等待。一个沉稳的人是不会为了眼前的蝇头小利而不顾全大局的，学会等待是很重要的一个习惯，或者说个人品行，当然在这等待的过程中你要不断充实自己，不能浪费了时间，厚积而薄发。也就是说当你要去展现自己时，得有充分的资本才行。

5. 学会管理自己的时间，制订的计划要坚决完成。这点很重要，很多时候我会为自己找很多借口，把本来制订好的计划打破，最后很多机会就这样悄悄流逝。最后只得空叹，却也不吸取教训，要学会做一个善于利用时间的智者。

6. 做事要沉得住气，要细心，要耐心，要坚持。对自己的言行，一定要深思熟虑，不要因一时意气而犯下错误，追悔莫及！而且对待复杂的事物，要有耐心，一定要不断鼓励自己，给自己暗示，我可以的，再努力一点点我就会成功，始终相信付出一定会有回报！

培养稳重的习惯是非常重要的，有了稳重的心态，让我们在任何场合都能应付自如。而不稳重不仅会使我们自己无法正常思考，而且会让周围的人慌作一团。

那些有过辉煌的人物，都曾经驾驭过别人，都有战胜一切阻碍其发展的力量的经历，当然他们最先战胜的是自己的情绪，因为战胜了自己的情绪，他们在关键时刻才会显得从容不迫，接下来的一切才会变得简单起来。要想成为一个成功的人士，就必须先成为一个从容不迫的人，就必须养成稳重的好习惯。

面对逆境时应该保持乐观

挫折是人们生活的组成部分，在人生的海洋中，惊涛骇浪是无法避免的，每一个人都会遇到。自然、社会间的万事万物，无一不是在曲折中前进的，顺利、直线发展的事情几乎是没有的。我们面对逆境时应该保持乐观，从而在逆境中实现大逆转，正所谓“宝剑锋从磨砺出，梅花香自苦寒来”。

乐观的态度能为你带来成功。在逆境中，请不要放弃，因为乐观会为你寻求到新的乐趣；在逆境中请不要畏惧，因为乐观能帮你取得胜利。当我们遇到逆境、遇到挫折时，请保持你的乐观。

巴尔扎克曾经说过：“苦难对于天才是一块垫脚石，但对于弱者是一个万丈深渊。只有辩证地看待逆境，才能正确地面对它，通过不懈的努力，最终取得成功。”也就是说，当你能够乐观地度过人生最艰难的时刻，你会发现无限美景在前头。其实笑着走过苦难，坚持到底，不管成功与否，你都会发现，自己是一个真正的成功者。何况，生活从来不会亏待那些乐观者。

《钢铁是怎样炼成的》鼓舞了无数的人，而这本小说的主人公——保尔·柯察金是一位在战斗中双目失明，双腿残废的残疾人，长年躺在那张冰冷的床上。保尔·柯察金很爱他的祖国，一心想为国家做贡献，即便他不能重新回到战场上，他依然没有放弃。他把从前在战场上的行动都化作了文字，用文字给战场上的昔日伙伴提供精神的力量。最后，用血汗铸就了惊世巨作——《钢铁是怎样炼成的》。保尔·柯察金在困难面前没有低头，在逆境中没有沮丧，用他的乐观在逆境中实现了逆转。最终，为他的祖国，为全人类做出了突出贡献。

在逆境中保持乐观，最终收获成功的还有著名的音乐家贝多芬。在贝多芬刚被人们认可的时候，耳朵却聋了。对于一个音乐家来说，这是如何大的一个挫折！听不到声音，意味着不能弹琴，听不到声音，意味着不能够作曲。然而，贝多芬却没有被这“常理”而折服，而是坚强乐观地继续在音乐上努力。每天都要咬着一根木棒，利用骨传导的方法来听音乐，辛苦地谱写着他的曲子，也谱写着他传奇的人生。因为贝多芬的乐观，他没有被挫折打败，因为他的乐观与努力，他取得了成功，受到了后人的敬仰，因为他的乐观，我们才有幸听到那么好听的音乐。

用微笑面对逆境，不仅能够将困境解开。而且，在逆境面前乐观开朗，也能为生活寻找到另一种乐趣，保持对生活的信心。

桑兰曾经是一名优秀的体操运动员，在体操方面非常有天赋，也许老天爷忌妒她，在比赛时她从器械上掉下，导致下半身瘫痪。一个正在辉煌中的体操运动员，一个令其他对手都畏惧的运动员，突然之间不得不离开自己喜爱的体育场，一个正值青春的美丽少女，突然之间要与轮椅共度余生，这无疑是一个莫大的打击。在所有人都为之惋惜时，桑兰却乐观地对着镜头微笑了，并坚强地生活下去。桑兰曾以体操事业为乐趣，现在她却乐观地从这个不幸的事实中寻求乐趣。

为体育节目进行主持、解说，用另一种方式把自己献给体坛。因为她的乐观，她从逆境中找到了别样的乐趣。因为乐观，她重新活出了自信。

在逆境中保持乐观，对我们每个人来说，都是非常重要的。如果不乐观，保尔·柯察金就不能写出惊世巨作；如果不乐观，桑兰也许就会沉沦在唏嘘的生活里；如果不乐观，我们就会陷在生活的旋涡中无法自拔。英国作家萨克雷有句名言："生活是一面镜子，你对它笑，它就对你笑；你对它哭，它也对你哭。"如果我们以欢悦的态度微笑着对待生活，生活就会对我们"笑"，我们就会感受到生活的温暖和愉快。而我们如果总是以一种痛苦的、悲哀的情绪注视生活，那么生活在我们心中也就会变得灰暗了。

所以，在逆境中，你需要保持一颗乐观的心，坚信风雨过后会有彩虹。我们不必为那暴风雨感到害怕、绝望，要知道，暴风雨过后，风会为你吹开黑暗，呈现绚丽的彩虹。逆境中的乐观就是那股为你吹散黑暗，呈现雨后彩虹的风。

威廉·科贝特是英国一名出色的政治活动家，《政治纪事报》的创刊人，他曾有整整 8 年时间，都是在家里跟着黄牛犁地，但年轻的心灵厌倦了这种沉闷单调的生活，他总想到外面更广阔的天地去闯荡一番。后来，他一个人跑到了纽约，干了八九个月抄写法院文件的活儿，然后应征入伍，参加了一个步兵团。在他第一年的军旅生涯中，他成了查塔姆一个流动图书馆的常客，他如饥似渴地阅读能找到的每一本书。

威廉·科贝特对他当年如何学习英语语法的回忆，对所有身处逆境中的人们来说，有着极大的教益作用。他这样说："当我还只是一个每天薪俸仅为 6 便士的士兵时，我就开始学语法了，专门为军人提供的临时床铺的边上成了我学习的地方。在将近一年的时间里，我没有为学习而买过任何专门的用具。我没有钱来买蜡烛或者是灯油，在寒风凛冽的冬夜，借着火堆的亮光看书的机会，也只有在轮到我值班时才能得到。为了买一支铅笔或者一沓纸，我不得不节衣缩食，从牙缝里挤出钱，所以我经常处于半饥饿的状态。”

“我没有任何可以自由支配的用来安静学习的时间，我不得不在室友和战友的高谈阔论、粗鲁的玩笑、尖利的口哨声、大声的叫骂等各种各样的喧嚣声中努力定下心来读书写字。”“为了一支笔、一瓶墨水或几张纸我要付出相当大的代价。每次，揣在我手里的用来买笔、买墨水或买纸的那枚小铜币似乎都有千钧之重。要知道，在我当时看来，那可是一笔大数目啊！除了食宿免费之外，我们每个人每周还可以得到两个便士的零花钱。”

他说：“如果说连我在这样贫苦的现实中尚且能够征服逆境、出人头地，那么，在这世界上还有哪个年轻人可以为自己的庸庸碌碌、无所作为找到开脱的借口呢？”

即使是在那样的贫困窘迫的环境下，科贝特还是坦然乐观地面对生活，正视逆境，在逆境中卧薪尝胆、积蓄力量，坚持不懈地追求着卓越和成功。这种精神很让我们感动，更值得我们学习。

也许你现在生活得并不顺，正在遭遇挫折，但无论你在生活中遭遇了哪些不幸与挫折，都应及时地调整自己的心态，微笑着面对生活。我们要正确对待挫折和失败，并从中总结经验教训，努力培养自信、坚毅、乐观向上的品格。你会发现，挫折会因为你的乐观而为你让路的，逆境也会很快过去的。

遭遇逆境并不一定都是坏事

每个人在生活中都可能会遭遇逆境，只是不同的人面对逆境时会采取不同的态度。在豁达的人的眼里，逆境被看作成功的考验，而郁闷的人却认为逆境是上天的惩罚。豁达的人身在逆境中，想到逆境也是成功的一个机遇，而郁闷的人片面地认为逆境只会给自己带来灾难。

正视逆境，把逆境当作考验的人，会像对待成功那样，乐观地积极地去看待逆境；把逆境视为上天的惩罚的人，会带着恐惧和厌恶甚至逃避的心态去面对逆境。开心的人在逆境中锻炼了自己的能力，磨炼了自己的意志；逃避逆境除了留下悔恨和沮丧，还会有什么呢？其实，经历失败，遭遇逆境并不一定都是坏事。

美国有个企业家叫比切格，他专门收购濒临破产的企业。而这类企业转到他的手中，就会一个个起死回生，变得虎虎有生气。此人什么技术专长也没有，但很有自信与心计。起初，他为别人做工，学会了经营和推销。有一次，他看准一家即将倒闭的工艺品制造厂，买下后加以整顿，提高效益，改变品种，裁减冗员，很快使这个企业起死回生，获得成功。

比切格认为：作为出色的企业家，最重要的是要有头脑，要真正掌握实际情况，随时做出正确的决策。这一点做到了，就会比任何人更清楚企业的问题所在。有一次，他买下一家玩具工厂，发现这个玩具厂倒闭的原因在于包装和搬运过程中的损失太大。于是他规定：凡破损率超过千分之一的就扣工钱；凡弄坏产品隐瞒不报，被客户退回来的，即予解雇。从此，破损的事很少再发生，工厂开始呈现勃勃生机。

有人问他为什么爱买一些失败的企业来经营，比切格说："别人经营失败了，接下来就很容易找到它失败的原因，只要把缺点改过来，自然就会成功。这比自己从头干省力得多。"一语道破"专买失败"的天机。由此可见，挫折和险境未必不是机遇，我们不仅要把成功视为珍宝，也要把失败看作财富。

是啊，逆境和挫折带给我们苦难和痛苦，但失败是成功之母，在挫折和失败面前，只要你勇敢面对，正视失败，你就一定能从失败中吸取经验教训，从而获得成功。

1958年，弗兰克·卡尼在自家杂货店对面经营了一家比萨饼店，筹措他的大学学费。19年之后，卡纳利卖掉了连锁店，总值3亿美元。他的连锁店叫作必胜客。对于其他想独立创业的人，弗兰克·卡尼给他们的忠告很"奇怪"："你必须学习失败。"

他的解释是这样的："我做过的行业有很多种，而这中间大约有几种做得还算不错。在事业成功的过程中你总是出击，而且你失败之后更要出击。你根本不能确定你什么时候会成功，所以你必须先学会失败。"

人生在世，谁不企望成功？但追求成功就会经历挫折与失败。尤其在市场竞争日益激烈的今天，机会增多，风险也随之增多，失败的概率也随之增加了。这就要求我们必须打碎“害怕失败”的枷锁，增强对失败的承受力，并在挫折与风险中磨炼出坚韧的意志力，只有这样，我们才会获得成功。

失败并不可怕，犯错误，遭受挫折和失败，并非都是坏事。错误和失败造成的困惑是痛苦的。但是，在迈向成功的道路上，错误和失败是不可避免的，它具有重要的价值。关键是你需要正视逆境，正视失败。

大发明家爱迪生经过6000余次的失败，最终才发明了电灯，给世界人民带来了光明。他在总结这段活动时说：“我对电灯问题，钻研最久，试验最苦，但是从未灰心，更不信它试验不成！失败和成功对我一样有价值。”著名药物学家欧立希发明一种名叫砷凡纳明的新药，这种药能够治疗梅毒和昏睡病。他在试制过程中，遭受过605次失败，这使他痛苦万分，但他并未就此止步，而是继续坚持试验，终于在第606次实验中取得了成功。因此，欧立希把这种新药命名为“606”。

一盏电灯要试验6000多次，一种新药要试验606次，这中间经历了多少艰辛！然而，最后的成功正是孕育在千百次的失败之中。其实，成功与失败并没有绝对的不可跨越的界限，成功是失败的尽头，失败是成功的黎明。失败的次数愈多，成功的机会亦愈近。但错误和失败是对人的意志的严峻考验。只有正视逆境，正视失败，你才能在失败中收获成功。

当你面临逆境的时候，请不要妄自菲薄，你可以自省自问自我总结，但是不能因为眼前的失败而丢失你的自信、你攀登高峰的心、你为之不懈追求的梦想。请你更加坚定自己，请你铭记“上天苦我心智，必有大任降之”这句话。一时的失败只是一次考验，是一枚通往成功之路的垫脚石，战胜它，将它踩在脚底，会让你的“大任之路”走得更平稳、更远。

面对挫折，有韧性的人才会百折不挠

人生可能有很顺利的时候，也有很不顺的时候。在每人的人生中没有坦途，不可能畅通无阻达到自己想要的成功。面对挫折，很多人轻易就放弃了，而只有有韧性的人才会百折不挠。

其实每一个人在骨子里都是野心家，而有的人成功了，名扬万里，有的人失败了，默默无闻，这其中的差距就在那一点点的韧性。而身处逆境中的人，确实容易使人消沉，丧失斗志，自认倒霉，结果跌倒后再也无法站起来。但只要你不放弃希望，不畏惧逆境，在逆境中抓住希望，并把它当作动力，就能够在逆境中崛起。

莎莉·拉菲尔在美国是一位无人不知、无人不晓的主持人，在她30年的职业生涯中，她先后被辞退8次，不过乐观自信的她从来没有被这些挫折打倒，每次被辞退，她都将其看作是自己向更高职位进军的机会，从而确立自己人生的更高目标。

在莎莉最初就业的年代里，几乎美国所有的电台都认为女性不能够很好地吸引观众，所以没有一家电台愿意冒险雇用她。不过凭借她坚忍不拔的毅力，最后在纽约的一家电台谋到了一个职位，可是没有多长时间，她就被辞退了，原因是她的思想跟不上时代的潮流。莎莉没有想到，自己刚刚开始工作就已经落伍了，但是她很庆幸，因为这家电台让她知道了下一步她应该再学些什么，想到这里，她笑了。人生没有绝境，之后的日子里，她又向国家广播电台推销她的节目构想，电台勉强答应了，但是要求她在政治电台先主持节目。“我对政治了解不多，恐怕很难成功。”她犹豫了，可是身上那种不服输的精神渐渐占了上风。她利用自己长期在电台工作的优势和平易近人的作风，坦诚地谈起即将到来的7月4日国庆节对她自己的意义，另外她还邀请观众打电话来畅谈感受。观众对这个节目非常感兴趣，因为她们感觉自己不仅仅只是一个听众，而且是一个参与者。莎莉也因此一举成名。

如今，莎莉已经是著名的自办电视节目的主持人，并且还两度获得重要的主持人奖项。在介绍自己成功的人生经验时，莎莉说：“我先后被辞退了8次，本来可能被这些厄运所吓退，做不成我想做的事情。结果相反，我让它们鞭策我永远向前。”这就是莎莉，在失败中永不言弃，正视逆境，用微笑面对挫折，用乐观逆转挫折，最终收获了成功的人生。

是啊，心有韧劲则百折不挠，虽然我们一生都希望能平安顺利，但现实往往并不尽如人意，处于顺境中是幸运的，陷于逆境中是不幸的，是一种厄运。但幸运的好处是应当希望的，而厄运的好处是应当惊奇叹赏的，许多奇迹都是在厄运中出现的。

不达目的不罢休——卡耐基克里蒙·史东是美国“联合保险公司”的董事长，美国最大的商业巨子之一。被称为“保险业怪才”。史东幼年丧父，靠母亲替人缝衣服维持生活，为补贴家用，他很小就出去贩卖报纸了。有一次他走进一家饭馆叫卖报纸，被赶了出来。他乘餐馆老板不备，又溜了进去。气恼的餐馆老板一脚把他踢了出来，可是史东只是揉了揉屁股，手里拿着更多的报纸，又一次溜进餐馆。那些客人见到他这种勇气，终于劝主人不要再撵他，并纷纷买他的报纸看。史东的屁股被踢痛了，但他的口袋里却装满了钱。

勇敢地面对困难，不达目的绝不罢休——史东就是这样的孩子，后来也仍是那种人。史东还在上中学的时候，就开始试着去推销保险了。他来到一栋大楼前，当年贩卖报纸时的情况又出现在他眼前，他一边发抖，一边安慰自己“如果你做了，没有损失，而可能有大的收获，那就下手去做。”还有“马上就做！”他走进大楼，如果他被踢出来，他准备像当年卖报纸被踢出餐馆一样，再试着进去。他没有被踢出来。每一间办公室，他都去了。他的脑海里一直想着：“马上就做！”每一次走出一间办公室，而没有收获的话，他就担心到下一个办公室会碰到钉子。不过，他毫不迟疑地强迫自己走进下一个办公室。他找到一项秘诀，就是立刻冲进下一个办公室，就没有时间感到害怕而放弃。那天，有两个人跟他买了保险。就推销数量来说，他是失败的，但在了解他自己和推销术方面，他有了极大的收获。

第二天，他卖出了四份保险。第三天，六份。他的事业开始了。

二十岁的时候，史东自己设立了只有他一个人的保险经纪社，开业的第一天，他就在繁华的大街上销出了五十四份保险。有一天，他有个令人几乎不敢相信的纪录，一百二十二份。以一天八小时计算，每四分钟就成交一份。

1938 年底，克里蒙 · 史东成了一名拥资过百万的富翁。他说成功的秘诀是由于一项叫作“肯定人生观”的东西。他还说：如果你以坚定的、乐观的态度面对艰苦，你反而能从其中找到好处。

其实，只要一个人保持坚强的意志，奋力拼搏，顽强奋进，不管身处的环境如何，他都能充分发挥自己的能力，获得更令人陶醉、令人神往的幸福。

生活其实也需要有一种“不撞南墙不回头”的精神，千万不能因为某一次或几次失败而放弃自己的理想。坚持长时间的做同一件事情，锻炼自己的毅力与心理承受能力。因此，在迈向成功的道路上，能不能经受住失败的严峻考验非常关键。所以，在人生的道路上一定要心有韧劲、百折不屈，不断向幸福和成功发起进攻！

犯错不可怕，要从错误中学会成长

人们都不愿意别人发现自己的错误和缺点，并且百般掩饰。但你越加掩饰，错误就越加深一层。开始只是不想给人们以反感，但经你掩饰后的错误一旦被揭露，那别人对你会更加厌恶。所以，我们不要害怕犯错误，只要能从错误中吸取教训，不在同一条沟里翻船，它们就会推进你进步。

当流行偶像麦当娜被问及其成功的秘诀时，她的答案简洁而精辟：“我犯了许多错误，但也从中学会了许多。”是啊，犯错误是不可怕的，关键的是要从错误中学会成长，以史为鉴。麦当娜的成功秘诀再次说明了这个众所周知的道理：吃一堑，长一智。

其实，人的成长就是一个不断尝试、历经磨炼，最终变得聪明起来的过程。只有经历了失败的痛苦，才能真正体会到成功的欢乐；只有经历了失败的考验，才有做人的成熟。只有从错误中吸取教训，才能变得成熟。

美国康奈尔大学的威克教授曾做过这样一个实验：把几只蜜蜂放进一个平放的瓶子中，瓶底向着有光的一方，瓶口敞开。但见蜜蜂们向着光亮处不断飞动，不断撞在瓶壁上。最后当它们明白自己永远都飞不出这个瓶底时，就不愿再浪费力气，它们停在光亮的一面，奄奄一息。

威克教授倒出蜜蜂，把瓶子按原样放好，再放入几只苍蝇。不到几分钟，所有的苍蝇都飞出去了。原因很简单，苍蝇们并不朝着一个固定的方向飞行，它们会多方尝试，向上、向下、向光、背光，一方不通立刻改变方向，虽然免不了多次碰壁，但它们最终会从瓶口飞出。它们用自己的不懈努力改变了自己的命运。

威克教授因此而总结出一个观点：横冲直撞总比坐以待毙要高明得多。成功并没有什么秘诀，就是在行动中尝试、改变、再改变、再尝试……直到成功。有的人成功了，只因为他能从不断的犯错过程中得到了成长。

橡皮擦、涂改液的发明是为了什么？为的就是让你在不慎犯了错之后，有机会再重新来过。

犯错后想掩饰是人之常情，每个人都难免有这种心态，但是不要老是用“推诿责任是人性的弱点”为借口宽容自己。我们需要勇于承认错误，并且努力改正错误。因为只有承认错误的人才能在错误中成长。

勇于承担错误是成功的前提之一，即使所犯的错误微不足道，但逃避的心态也会让你因整天担心而心力交瘁，而且永远不可能从错误中学习经验，获得成长。

有些人不懂得这一道理，特别是那些喜欢焦虑的人，总以为自己是十全十美的，千错万错都是别人的错。于是当工作上出现一些失误的时候，他们就只会一味地抱怨别人，却从不在自己身上找缺点，这当然会引起同事的不满，下次就没有人愿意与之合作了，即使是不得不合作，气氛也不会很融洽，于是在单位或工作团体中，你就会处于被孤立的境地，而一个人一旦被孤立起来，找不到志同道合的合作者，那就很难有所作为了。

其实聪明人都懂得在恰当的时机勇于承认错误，愿意承担责任，只有这样才能认识到错误，并学会在错误成长。也只有这样才会博得同事的同情、理解和尊敬，拥有良好的人际关系，才会在职场上走得舒心如意。

是的，只要我们正确地对待错误，勇于承认错误，并从错误中吸取经验教训，我们就一定不会在同一条沟里翻船，我们就一定能在错误中成长。

英国名叫吉米的“电视厨师”的经历就很好地印证了这一点，1998 年在某某 C 刚露面的时候，还是个可爱帅气的大男孩，由于他把烧菜变成了一种生活艺术，而且在烧菜的时候又表现得很“酷”，以至于有媒体说“整个英国都为他疯狂了”。他不仅成了能让年轻人放弃垃圾食品的楷模，而且他出的书，还成了人们过生日和圣诞节的最好礼物。1999 年，首相布莱尔宴请意大利总理时，还特地请他到唐宁街去烧正宗的意大利菜。

然而，就如他当年一夜之间成名一样，他的名气也在一夜之间变臭——他竟然成了 2001 年度全英最让人嫌弃的名人。

原本热爱他的媒体，全都“仇恨”起他来。虽然他的菜谱还受人欢迎，但是报纸再提到他时，已是嘘声一片。

吉米从天上掉到深沟里的主要原因，是他成了一家超市集团的广告明星——他把自己的名声当成了赚钱机器，居然把他的妻子和朋友们都拉扯到电视广告中，以致让媒体和公众极其反感、厌恶。

然而，吉米并没有因此而一蹶不振，他对自己的突然失宠虽然颇感冤枉，但他却并没有在人们的批评指责声中灰心丧气，破罐子破摔。相反，在他冷静下来之后，他就开始从人们的批评指责声中，去寻找自己重新受到人们欢迎的“法宝”。这个法宝他终于找到了，这就是一个人做人必须有社会责任感，必须无私地让自己的智慧与能力发挥更大的作用。于是他自掏135万英镑（有些钱是用自己的房产做抵押找银行贷来的），建立了一个餐馆烹饪学校。他专门从吃救济金的人中挑选了15名年轻人来培养，希望把他们培养成一流的厨师，给他们一个光明的前途。他决心每届15人——就这样一届接一届地培训下去。

吉米勇于承认错误，并从错误中吸取教训，敢于改正错误的态度再次让他获得了公众的喜爱，于是从批评者到一般公众，大家都为吉米的成功而心头发热，又重新把最热情的赞美和最热烈的掌声献给了他。

人生难免要犯错，那么，就请分析造成错误的原因，学会犯一回错，长一分见识，增一分阅历。从错误中成长，不在同一条阴沟里翻船。

人生是条单行道，走过就无法回头

人生是一条直行线，只能往前，不能拐弯或者回头，就像一条封闭的单行道。在人生的这条单行道上，过去的不会再次出现，失去的就无法重新拥有。与你擦肩而过的风景就不会与你再相逢，这就是人生最为无情的一面：人生只有一次，走过就无法回头。

在这条人生的单行道上，一般而言，既宽且堵，宽是自由选择的象征，堵是命运多舛的暗喻。有的时候你能在这条宽阔的路上自由地行驶，有的时候却被堵得无法动弹。然而是宽是堵，是顺畅还是停滞，你都只能沿着这条道向前行驶，无法掉头。

因为人生是条单行道，人生仿佛被拉得很长。也因为社会经济的发展，人们健康而温饱无忧，所以我们可以拥有几十甚至上百年的寿命，但也因此岁月给了我们更多的阅历和经受。

因为人生是条单行道，人生无法回头，于是我们又时常感到人生的短暂。这种无法重复体验的感觉让我们必须时时紧握拳头，这种短暂而无奈的感受让人痛苦万分。

既然人生不能掉头，不能重新开始，那么，在这条单行道上，我们就应该珍惜现在，珍惜我们的所有。让每一分，每一秒都过得十分有意义。

汤姆·奥斯丁是一位名医，他越来越多地接触到因烦恼和忧虑而生病的人，他们总是因为过于烦恼以前和忧虑未来，长期闷闷不乐，毁坏了健康。为了更彻底地医疗好这些人的病，他给他们开了一个简单却有效的方子："每一个刹那都是唯一"，意思是说：我们活在今天，就只要做好今天的事就好了，无须担忧明天或后天的事；我们活在此刻，就要好好珍惜此刻的时光，因为每一个瞬间都是独一无二的。

他说："无限珍惜此刻和今天，还有什么事情值得我们去担心呢？每天只要活到就寝的时间就够了，往往不知抗拒烦恼的人总是英年早逝。"

的确如此，如果每天都处于忧虑中，身体就像一根绳子般拉来拉去，迟早会拉断。如果每天都在忧郁未来，痛苦过去，我们怎么能享受现在呢？

要知道，每一秒的感觉都是不可重现的，有时候，我们以为人生可以重来。其实那只是自己的一个幻觉，我们最多只是在原地绕了一个圈，但行程的轨迹其实并没有与过去交接。等我们在下一个岔路口犹豫不决的时候，生命又多了许多旅痕，而自己并不知道需要不需要它。反而现在的美好会在我们的犹豫中消失不见。

既然人生不可以重来，所以，请用你的眼睛摄下每一瞬间的精彩，用肢体感受全部的美好，别让生命留下遗憾。

在做任何事情的时候都请全身心地去做。当我们吃的时候，要全然地吃，不管在吃什么；当我们玩乐的时候，要全然地玩乐，不管在玩什么；当我们爱上对方的时候，要全然地去爱，不计较过去，不算计未来，全然地投入，全然地享受。

就像《飘》的女主角郝思嘉一样，在烦恼的时刻总是对自己说，“现在我不要想这些，等明天再说，毕竟，明天又是新的一天。”昨天已过，明天尚未到来，想那么多干吗，过好此刻才最真实，否则，此刻即将消失的时光，要上哪里找去?

虽然，郝思嘉是小说里的人物，但是，她的理念和思想却是和我们的现实生活是相通的。

齐明小时候跟外祖母长大，但在读小学的时候，他的外祖母过世了。外祖母生前最疼爱他，小家伙无法排解自己的忧伤，每天茶不思饭不想，也没有心思学习，整天沉浸在痛苦之中。周围的人都说他是个懂感情的好孩子，他的父母却很着急，因为，一天两天的伤悲是正常，一周两周的伤悲也可以理解，但大半年都过去了，他还时时哭泣，不肯好好吃饭和学习，他的行为严重影响了他的正常生活。

虽然，他的爸爸妈妈很着急，却不知道如何安慰他。有一次他的老师来到他家家访，看到此情形，决定要和小男孩聊聊天，帮助这个小男孩。

“你为什么这么伤心呢？”老师问他。

“因为外祖母永远不会回来了。”他回答。

“那你还知道什么永远不会回来了吗？”老师问。

“嗯——不知道。还有什么永远不会回来呢？”他答不上来，反问着。

“所有时间里的事物，过去了就永远不会回来了。就像你的昨天过去，它就永远变成昨天，以后我们也无法再回到昨天弥补什么了；就像爸爸以前也和你一样小，如果在他这么小的童年时不愉快地玩耍，不牢牢打好学习基础，就再也无法回去重新来一回了；就像今天的太阳即将落下去，如果我们错过了今天的太阳，就再也找不回原来的了。”

齐明真是一个聪明又懂事的孩子，他明白了老师所说的道理。从此之后，每天放学回家，在家里的庭院里面看着太阳一寸一寸地沉到地平线以下，就知道一天真的过完了，虽然明天还会有新的太阳，但永远不会有今天的太阳，他懂得不再为过去的事情而沉溺，而是好好学习和生活，把握住现在的每一个瞬间。他也顺利从失去外祖母的痛苦里走了出来，健康快乐地成长着。

是啊，每一天的太阳都是新鲜的，每一个刹那都是唯一的。过去了就无法再回头。所以我们需要格外珍惜人生的每一时刻。人生是单行道，过去了就永远无法回头，所以，请把握当下的每一寸光阴。请你珍惜人生的每一天、每一刻、每一个瞬间！把你人生的每一秒过成永恒的辉煌！很多时候，错误是可以弥补的。错是自己犯的，就一定要自己去承担后果，并不是遮遮掩掩的。我们要勇敢地面对错误，战胜困难。

失败有千万个借口，成功只有一种理由

拖延是最大的敌人。失败有千万个借口，成功却只有一种理由！“等会再做”“明天再说”这种“明日复明日”的拖延循环会彻底粉碎制订好的全盘工作计划，并且对自信心产生极大的动摇。这是个竞争激烈的年代，时间代表着效率。

而成功者总是想方设法保持着日清日高的习惯，决不把任务留到明天。也正因为如此，他们才能完成别人完成不了的任务，获得成功。

“拿下美国某客户非常难！”洗衣机海外产品经理朱欣接手美国市场时，大家都这么说，因为前任各产品经理在这位客户面前都业绩平平。

真这么难吗？朱欣不信。这天，朱欣一上班就看到了某客户发来的要求设计洗衣机新外观的邮件。因时差 12 个小时，此时正是美国的晚上，朱欣很后悔，如果能即时回复，客户就不用再等到第二天了！从这天起，朱欣决定以后晚上过了 11 点再下班，这就意味着可以在当地上午的时间里处理完客户的所有信息。

三天过去了，“夜半日清”让朱欣与客户能及时沟通，开发部很快完成了新外观洗衣机的设计图。就在决定把图样发给客户时，朱欣认为还必须配上整机图，以免影响确认。当她“逼着”自己和同事们完成“日清”——整机外观图并发给客户时，已经是晚上12点了。大约凌晨1点，朱欣回到家，立刻打开家中电脑，当她看到客户的回复:“产品非常有吸引力，这就是美国人喜欢的。”她顿时高兴得睡意全无，为自己的“夜半日清”有效果而兴奋不已！

样机推进中，朱欣常常半夜醒来打开电脑看邮件，可以回复的就即时给客户答复。美国那边的客户完全被朱欣的精神打动了，推进速度更快了，某客户第一批订单终于敲定了！

其实，市场没变，客户没变，拿大订单的难度没变，变的只是一个有竞争力的人——朱欣。朱欣完全有理由说：“有‘时差’，我没法当天处理客户邮件。”但她只认目标，不说理由！为什么？朱欣说：“因为，我从中感受到的是自我经营的快乐！有‘时差’，也要日清！”

朱欣的故事再次告诉我们，只有日事日毕，日清日高，我们才能获得成功。因此，我们千万不能养成拖延的习惯。

任何事情都要从现在开始做，而不能拖到明天才开始。虽然只是相隔一天的时光，但即使是一天的光阴也不可白白浪费。曾有一位员工在年尾受到老板忠告说:“希望明年开始，你能好好认真地做下去。”可是那位打工仔却回答说:“不！我要从今天开始就好好地认真工作。”

是啊，生命中总有很多东西等待我们去学习和实践，但我们常常对自己说：明天我就开始运动，保持一个好的身材和身体；下周我要找个时间出去散散心，摆脱现在的困顿状态；退休后，我要开始学习画画和舞蹈，弥补我现在无法做到的生活……但在明日复明日的蹉跎中，我们依然一事无成。

所以，从现在起就下定决心、洗心革面。拿支笔来，将底下对你最有用的建议画条线，并且把这些建议写到另一张纸上，再将它放在你触目可及的地方，如此可有助你完成改革行动。

1. 列出你立即可做的事。从最简单、用很少的时间就可完成的事开始。

2. 持续 5 分钟的热度。要求自己针对已经拖延的事项不间断地做 5 分钟，把闹钟设定每 5 分钟响一次；然后，着手利用这 5 分钟；时间到时，停下来休息一下，这时，可以做个深呼吸，喝口咖啡，之后，欣赏一下自己这 5 分钟的成绩。接下来重复这个过程，直到你不需要闹钟为止。

3. 运用切香肠的技巧。所谓切香肠的技巧，就是不要一次吃完整条香肠，最好是把它切成小片，小口小口地慢慢品尝。同样的道理也可以适用在你的工作上：先把工作分成几个小部分，分别详列在纸上，然后把每一部分再细分为几个步骤，使得每一个步骤都可在一个工作日之内完成。每次开始一个新的步骤时，不到完成，绝不离开工作区域。如果一定要中断的话，最好是在工作告一个段落时，使得工作容易衔接。不论你是完成一个步骤，或暂时中断工作，记住要对已完成的工作给自己一些奖励。

4. 把工作的情况告诉别人。让关心这份工作的人知道你的进度和预定完成的期限。注意“预定”这个词汇，你要避免用类似“打算”、“希望”或“应该”等字眼来说明你的进度。因为这些字眼表示，就算你失败了，也不要别人为你沮丧。告诉别人的同时，除了会让你更能感受到期限的压力外，还能让你有听听别人看法的机会。

5. 在行事历上记下所有的工作日期。把开始日、预定完成日期、还有其间各阶段的完成期限记下来。不要忘了切香肠的原则：分成小步骤来完成。一方面能减轻压力，另一方面还能保留推动你前进的适当压力。

6. 保持清醒。你以为闲着没事会很轻松吗？其实，这是相当累人的一种折磨。不论他们每天多么努力地决定重新开始，也不管他们用多少方法来逃避责任，该做的事，还是得做，压力不会无故消失。事实上，随着完成期限的迫近，压力反而与日俱增。所以，你千万不要拖拉，把今天的事留给明天去做，那样只会让你有更大的压力。

对于世界上的任何事业来说，不肯专心，没有决心，不愿吃苦，不付诸行动，就绝不会有成功的希望。获得成功的唯一方法就是下定决心、全力以赴地去做。世上最误人的习惯莫过于拖延的习惯，世间有许多人都是因为被此种习惯所累而陷入困境的。人一旦决定要做的事情，就应该立刻行动并坚持不懈地去为之努力，否则永无结果！

PART 07

从此不焦虑，告别“压力山大”

是生理上的折磨，还是心灵上的飞翔

在当今社会，人们处于激烈的竞争中，处处面临各种压力和挑战，时刻紧绷的神经，挑战着人们的心理极限，许多人不堪重负，患上了各种心理疾病。焦虑症就是其中之一。

人们通常都不太喜欢焦虑，想努力地摆脱它。确实，焦虑在很长一段时间里都被认为是完全负面的事物，焦虑很多时候会对人们产生很大的负面影响，但适量的焦虑对有机体是具有建设性的影响的。

克尔凯郭尔曾说过“冒险造成焦虑，不冒险却失去自己”。

因此，当个人能够面对焦虑考验，并进而成功走出来时，他自我人格中的正向层面也随之成长。

说到这，我们不妨要问自己；焦虑是什么？为什么是我焦虑了？我的焦虑对我都意味着什么？

首先焦虑的特性是面对威胁的不确定感和无助感。如个人对其职业、名誉和地位的状况，婚姻、恋爱、吸引力等等方面感知到威胁，人就会焦虑。这种对存在感的威胁不仅仅是对生理上自我存在的威胁，也包括对个人价值、意识等存在的威胁。心理学家罗洛·梅认为，在所有威胁之中，最大的就是死亡的威胁和人的基本价值的威胁。因为死亡威胁着人的客观存在，而人的基本价值一旦受到威胁，人存在的意义也就受到了冲击。人终有一死，这是每个人都无法改变的事实，对于普通人来说，当死亡近在眼前时，恐惧是必然的，而当死亡的威胁不那么强烈时，这种对于死亡的恐惧就会转化为焦虑。

常见的焦虑症状为主要临床表现。

通常有紧张不安、坐卧不宁、惊慌失措、心烦意乱、没有耐心、遇事朝坏处想等，患者也会有一系列躯体症状的表现，包括头晕、胸闷、心悸、呼吸困难、口干、尿频、尿急、出汗、震颤和运动性不安等症。

同样面对环境，为什么焦虑的人是我呢？

从遗传学上说：婴儿遗传到的并不是一种焦虑的症状，而是一种独特的气质，这种更敏感、更容易激动的气质，使得人们在长大的过程中，更容易被任何小的、有危险性的事物刺激，产生焦虑。

从父母教养方式上：童年经历也会对人们的忧虑倾向造成影响。比如，慢性忧虑者的父母可能表现出对世界过分谨慎的态度。他们的父母比一般人更容易害怕和担忧。他们会过分关注子女一些潜在的危险，比如他们会说："不要总是盯着电视，眼睛出问题了怎么办？"父母越是在孩子面前表现出害怕的态度，孩子越会在成长过程中习得这个特点。此外，父母可能设置了过高的标准。如果父母过于严格，子女就会担忧自己是不是会被父母接纳，是不是足够好。在成长过程中，他们会感到缺乏安全感，会依赖于一个特定的人或一个让他们安全的地方，而当他们在那些可能"丢脸"的公共场合或者社交场所，就会努力约束自己的言行。他们把父母的价值观内化为自己的价值观，变得非常追求完美，并担心被他人排斥。

长期的压力：如果压力在一段时间内积累不减，比如持续几个月或几年，压力就会累积下来。长期的压力可能会影响到神经系统，使得人们情绪不稳、或者出现广泛性焦虑。长期压力可能是很多年没有解决的心理问题引起，也有可能是一段时间里你同时经历了很多生活事件。有时坏事会接连发生，它们单个并不可怕，但是集中在一起却会让人觉得很疲惫和忧虑。

罗洛·梅将焦虑分成两类：正常焦虑和神经症焦虑。

正常焦虑。是由于生活中的一些事件而引发的，时间较短，对象明确的焦虑，是与威胁相均衡的一种反应，是人成长过程中的一部分。这种焦虑在更大意义上是个体的存在受到威胁的指示灯，同时这种威胁不足以毁灭存在，故而产生焦虑。人的成长过程必然伴随着对原有意义结构的挑战，伴随着向更大的可能性的开放，向未知领域的探索，如果人可以正确地理解挑战和变化中包含的意义，能够合理地调动自身的力量来应对这种挑战，那么在此过程中的焦虑就是正常焦虑，它是人走向成熟的动力。

神经症焦虑。是一种与威胁不均衡的反应，是不能合理地应对挑战和变化的结果。一般而言，个体在威胁发生时会采取防御机制，面对威胁时，个体不能正视，而试图回避，逃跑，保护脆弱的自我免受焦虑冲击。如果个体采取放弃自由，放弃个人成长的可能性的方式来进行应对，此时焦虑并不会真正消失而只是转变为神经质焦虑，它依然会困扰个体。

期望与现实的落差或矛盾可导致神经性焦虑，这种落差可以激发人的创造性。而这种落差的体验，以及将期望变成真实的能力，是所有创造活动的特征。个人如果能够建设性地处理自己的焦虑，人格中的焦虑反而会成为重要的成长领域。

面对焦虑就像看狂人的著作，要么是一种生理上的折磨，要么是一种心灵上的飞翔。

五种焦虑症的心理疗法：

焦虑是一种复杂的心理，它始于对某种事物的热烈期盼，形成于担心失去这些期待、希望。焦虑不只停留于内心活动，如烦躁、压抑、愁苦，还常外显为行为方式。表现为不能集中精神于工作、坐立不安、失眠或梦中惊醒等。短时期的焦虑，对身心、生活、工作无甚妨碍；长时间的焦虑，能使人面容憔悴，体重下降，甚至诱发疾病，给身心健康带来影响。

1.放松法

放松法治疗焦虑症是一种教会患者如何进行肌肉和情绪放松的方法。患者可以通过学习和掌握呼吸调节、放松全身肌肉的方法来消除杂念。病人先把注意力集中于躯体的一部分（例如左手），尽量使这部分肌肉放松，直至产生温热感。然后转移注意力到躯体另一部分（例如右手）。如此反复训练，可使心情平静，心跳规则，呼吸均匀，这对焦虑状态性发作者有很好的效果。在有条件的情况下，可以在生物反馈治疗仪的检测下，进行放松训练。

2.催眠法

催眠法适于广泛性焦虑症（一种以经常的、持续的、无明显对象或固定内容的紧张不安，或对现实生活中的某些问题过分担忧或烦恼为特征的焦虑症）。催眠师运用具有高度暗示性的催眠技术，来改善患者的焦虑情绪和睡眠。

3.解释法

由于焦虑症患者多有预期性焦虑，对未来的焦虑发作产生预期恐惧。如果患者能够主动配合心理医生，耐心倾听医生对疾病性质的解释，有助于减轻心理负担，预防焦虑症的发生。

4.系统脱敏法

在患者处于全身放松状态下，使能引起微弱焦虑的刺激在其面前重复出现，达到不能引起患者焦虑时，增加刺激的强度如法炮制，直至患者焦虑情绪完全消失为止。

5.冲击法

让患者突然处于激发焦虑情绪的实际环境中，来改变病态行为。这种治疗每次30—60分钟，治疗次数一般1—4次。

放弃那份倔强和要强，平和自己的心态

淡，是一种至美的境界。淡之美，某种程度上接近于古人所说的禅，而那些禅偈中所展示的智慧，实际上就是在追求这种淡之美的境界。

淡了，也就是放得开了，放得下了，心里沉甸甸的东西少了，负担、包袱轻了，办事不必掂斤播两，交往用不着患得患失。不要视什么都是生命，失去了就活不下去。承受力也加强了，心胸开阔了；淡了，也就不固执，不钻牛角尖了，失去了那份倔强和要强，也就会生活了，对自己会呵护了，知道平息自己急促的呼吸，舒展自己紧张的肌肉，平和自己的心态。

淡了，得不到的、失去的，也就让它随风去吧，风还会刮来你没想到的东西，人生有多少得失在不经意间。没有耿耿于怀、气流不畅的感觉了，脑子里旧的东西停留得很短，眨眼便会打开心结。你的眼泪从此值钱，梨花带雨那也是对生活的调剂。

淡了，并不是空壳般地活着，而是充满宽容地活着。伤感、委屈

没有了，淡漠给你带来的是意想不到的快乐。那些得意、傲慢、迷茫、沮丧、焦虑甚至绝望，再也无法震动自己。没有了失望和遗憾，没有了紧锁眉头的叹息，对任何人、任何事都不苛求了。反而有了看淡，才能超然物外。虽然世人都知道名利只是身外之物，但是却很少有人能够躲过名利的陷阱，一生都在为名利所劳累，甚至为名利而生存。一个人如果不能淡泊名利，就无法保持心灵的纯真。终生犹如夸父追日般看着光芒四射的朝阳，却永远追寻不到，到头来只能得到疲累与无尽的挫折。其实静心观察这个物质世界，即使不去刻意追赶，阳光也仍旧会照耀在我们身上。

世界上最著名的大科学家爱因斯坦和居里夫人，对大多数人所积极追求的名声、富贵或奢华都看得非常轻淡，也因此留下了无数的佳话。尽管是国际知名的大科学家，爱因斯坦却说，除了科学之外，没有哪一件事物可以使他过分喜爱，而且他也不过分讨厌哪一件事物。据说在一次旅行中，某艘船的船长为了优待爱因斯坦，特意让出全船最精美的房间等候他，爱因斯坦竟然严词拒绝了。他表示自己与他人并无差异，所以不愿意接受这种特别优待。这种虚怀若谷、坦然率真的人品，成为许多人诚心敬佩的对象。

居里夫妇在发现镭之后，世界各地纷纷来信希望了解提炼的方法。居里先生平静地说：“我们必须在两种决定中选择一种。一种是毫无保留地说明我们的研究成果，包括提炼方法在内。”居里夫人作了一个赞成的手势说：“是，当然如此。”居里先生继续说：“第二个选择是我们以镭的所有者和发明者自居，但是我们必须先取得提炼铀沥青矿技术的专利执照，并且确定我们在世界各地造镭业上应有的权利。”取得专利代表着他们能因此获得巨额的金钱、舒适的生活，还可以传给子女一大笔遗产。但是居里夫人听后却坚定地说：“我们不能这么做。如果这样子做，就违背了我们原来从事科学研究的初衷。”

她轻而易举地放弃了这唾手可得的名利，如此淡泊名利的人生态度，使人们都能感受到她不平凡的气度。她一生获得各种奖章 16 枚，各种荣誉头衔 117 个，自己却丝毫不以为意。有一天，她的一位女性朋友来她家做客，忽然看见她的小女儿正在玩弄英国皇家学会刚刚奖给她的一枚金质奖章，不禁大吃一惊，连忙问她："居里夫人，那枚奖章是你极高的荣誉，你怎么能给孩子拿去玩呢？"居里夫人笑了笑说："我是想让孩子从小就知道，荣誉就像玩具一样，只能玩玩而已，决不能永远守着它，否则就将一事无成。"

两位科学大师的非凡气度为拼命追求名利的世人留下了一面明亮的镜子。一个人如果拥有一颗纯真的心灵，在自己应该做的事情之中尽了全力，他的成就自然而然就会显现出来，他理所当然地可以得到应该得到的人世间的荣耀。淡泊名利、无求而自得才是一个人走向成功的起点。

"问古来将相可还存？也只是虚名儿与后人钦敬。"人，不必那么拼死拼活地去争去抢，去烦恼、去痛苦。不为俗事所忧，不为物欲所累。看淡一切是一种境界，是一种情怀。不知道是谁说过，"快乐，不是你得到的太多，而是你计较的太少。"

淡泊，是一种宠辱不惊的淡然与豁达，一种屡经世事变迁后的成熟与从容，一种大彻大悟的宁静心态。真正淡泊的人，才会坦诚地面对自己、面对世界，坦诚地面对人生、面对感情。真正学会淡泊的人才会做到"任天空云卷云舒，看庭前花开花落"，而永远保持一个真实的自我……

纵览人生，我们不难发现，淡泊犹如一颗耐嚼的橄榄，品味越久，感悟便越多，意味也越悠长。因为淡泊渗透于人生的点滴之中，淡泊是萦绕在人们心灵深处那余音袅袅的古韵诗情。

淡泊是善于把握人生的勇者和智者，在沧海桑田变幻过程中领悟的游刃人生的禅机。元末明初的道士刘伯温，在他帮助朱元璋夺取元朝江山，建立霸业之后，却拒绝分封，悄然弃官，再度隐匿山林。他的豁达，他对人生的感悟，最终使他远离杀身之祸。看来，人生淡泊，也是一种福分。

人生之路并不都是充满阳光鲜花的大道，有时也会有沟沟坎坎、磕磕绊绊，许多的成败得失，并不都是我们能预料到，也不是我们都能够承担起的，但只要我们努力去做，求得一份付出后的坦然，得到的也会是一种快乐。生命是一种缘，你刻意追求的东西也许终生得不到，而你不曾期遇的灿烂，反而会在你的淡泊从容中不期而至。

两强对抗会引起焦虑的爆发

怨恨使我们愤怒，尤其是在我们没有得到应有的帮助，赞赏，赞扬，回报或爱的时候，就会产生一种不公平的感觉。这种不公平感吸引了我们大部分的注意力，让我们专注并放大了自己的不满，更加的愤怒。为了缓解跟抒发这种感觉，我们学会宣泄报怨。

家庭被人们称为“避风的港湾”，它是人们身心休息的场所。可家庭也难免有矛盾，有不快，有些许的焦虑。夫和妻，毕竟是两个人、两种性格的组合。这个矛盾的统一体，此消彼长，维系着平衡和统一。要知道任何时候的两强对抗都会破坏这种平衡，引起矛盾的爆发——焦虑。

天底下没有不焦虑的夫妻，这一点甚至连名人也不例外。鲁迅和许广平是一对很恩爱的夫妻，但有时也免不了抱怨几句。他们在焦虑之后，也常常和其他夫妻一样，互不理睬。这当然使两个人都感到很别扭。最后，常常是鲁迅叹口气说：“唉！都怪我脾气不好。”许广平一听，也会焦虑全消，对鲁迅笑着说：“看在你曾经是我老师的情分上，否则，我真不答应呢！”于是，双方之间的不快便随之烟消云散了。

美满的婚姻不是只凭着夫妻两人循规蹈矩，不做错事情，就可以保证得到的。两个人还有一堂重要的功课要去学习，就是如何处理彼此之间的冲突与焦虑。生活中，夫妻发生焦虑怎么办？怎样的焦虑可以将伤情变为幸福呢？

1. 夫妻抱怨应该“讲情”，而不是“讲理”。一般情况下，夫妻抱怨的特征是争理，所以双方都会拼命地抓住对方的语病，找出对方逻辑的缺陷，集中火力而攻之，让对方没有招架的余地。问题是，在“争理”的过程中往往会“伤情”，赢了理往往会使对方对你没有感情。夫妻之间的抱怨用“交情”来处理，远比用分析、辩论要有建设性。

2. 夫妻之间，抱怨是不可避免的，应该视为正常现象，不必惊慌。夫妻两人，不仅性别不同，性格、观念、习惯等亦互有差异。恋爱时，彼此还有机会掩饰；结了婚，朝夕相处，互动频繁，大大小小的抱怨是无法避免的。面对这些焦虑时，若是大惊小怪，以为有了焦虑就表示两个人不适合在一起，这是一种错误的观点。

反之，若以为美满的婚姻就是两个人永远不焦虑，所以在冲突时，只好极度地容忍，百般地委曲求全，以维持一个表面的和平状态，这也是不正常的现象。事实上，夫妻应该以积极的角度来看待焦虑。“会”抱怨的夫妻（知道抱怨原则的人），两人之间的感情会愈来愈好，而且抱怨的次数也会愈来愈少。

3. 焦虑是“角度”问题，而不是“是非”问题。夫妻抱怨的主要原因是以为事情一定只有一个答案。焦虑者的基本心态是“这件事一定是我对，我的另一半一定错了”。问题是，当两个人都这样想时，焦虑就层出不穷了。

事实上，家庭纠纷、夫妻抱怨等经常都没有固定的答案，纯粹属于角度问题，而不是是非问题。“会”抱怨的人在抱怨的过程中，努力地去体会对方的真正意思，或比较两人之间的差距在哪里；“不会”抱怨的人，在抱怨的过程中却极力要驳倒对方，只要证明自己的“无误”，结果反而两败俱伤。

4. 千万不要赢。夫妻抱怨不管谁赢谁输，事实上没有赢家，双方都是输家。万不得已抱怨时，会抱怨的人最多只是“点”到为止，从来不想赢。“会”抱怨的人，事事给对方留余地，让对方有台阶可下；“不会”抱怨的人，却时时想把对方赶尽杀绝。

5. 叙述事情的真相，不要添油加醋地形容自己的感觉。抱怨一定是事出有因。“会”抱怨的人在抱怨的过程中会集中在事情的叙述上，让对方知道自己的状况与需要；“不会”抱怨的人却喜欢夸张地表达自己在生气，因此常用最偏激的词语来激怒对方。

6. 先认输的人才是大勇者。抱怨既然是角度不同所引起的冲突，成熟的人会极力设法去避免，而避免抱怨的最好方法就是承认对方的意见可能比自己的好。

7. 千万不要在第三者面前抱怨。抱怨者为了证实自己是对的，经常喜欢在局外的第三者面前控诉，希望别人会支持他。而为了争取较多的同情，就必须不断地提到配偶的缺点。这种在第三者面前控诉配偶的习惯对夫妻之间的感情破坏性极大，夫妻之间必须竭力避免，否则受害的还是自己。“会”抱怨的人只希望夫妻两人能面对面地处理彼此之间的冲突，只要不在父母、朋友、同事面前抱怨，两个人感情复原的可能性才有可能提高。

小吵小闹从另一个角度看来叫情趣，但有时候可千万别过了头，否则，伤了彼此的心，对夫妻间的感情影响是很大的。宣泄抱怨并不止体现在夫妻生活中，在我们生活中处处存有抱怨，我们该如何宣泄呢？

1. 权衡轻重，把握尺度

抱怨虽然是一种情绪宣泄渠道，但毕竟不是正向力的情绪导向，所以要有所克制。心理学家也研究得出结论：亲身体验过的经历迸发出的情绪较之道听途说会更加强烈一些。所以在遇到事情时，不能单纯以自己内心的感受为判断事情轻重的标准，而是要全面衡量。焦虑发泄时得分尺度，说的是一件事情值不值得你大动肝火，影响身心健康，需要焦虑前想一想。

2. 有的放矢，找准对象

抱怨时想得到情感慰藉一定要看对方能否感同身受，是否能够准确理解我们想表达的情感诉求，是否能够发自内心地对你的困境表达同情，只有这样，才是有效焦虑，你才会拥有情感上的安全感，否则背道而驰。

3. 提出对策，解决问题

有些人会找到你，竹筒倒豆子，一股脑发泄不停。宣泄完了就走人了，过几天又来了，如同祥林嫂一般，还是那些车轱辘话。从来没有想过抱怨那么多，为何不一起探讨一下解决问题的方法？当局者迷，旁观者清。人在情绪亢奋时很容易忘乎所以，引发失去理智，焦虑宣泄半天，都不知道自己为何而焦虑了。人在焦虑时，如果忘记自己最初想要解决的问题，那么他的认知思维就会转向其他的方向，行为跟着发生变化，问题却得不到解决。

4. 拥有自信，向阳而生

其实很多时候，我们不是焦虑生活的不如意，我们只是焦虑自己没有改变这些不如意的能力。当问题无法解决，当生活依旧艰难时，要如何焦虑才能不会抑郁消沉，从而对生活继续充满希望？总而言之，心态决定一切。一个人自信心的强弱可以决定一个人行为的强弱，由此可见，自信心是改变我们是否焦虑的要件之一。我们对亲人抱怨，是我们对亲密关系没有安全感、不自信的表现；我们对下属抱怨，是我们对自身领导能力欠缺、不自信的表现；我们对好友没有缘由地抱怨，是我们处理生活能力不自信的表现。所以减少抱怨首先需要改变的是我们自己面对生活的信心！当然，也不能拿自己的自信成为抱怨他人的理由，那就成为自负了。努力去掌握抱怨的知识与技巧，端正自己的焦虑心态，保持健康、自信的心理，才能在焦虑的过程中建立起有效的交流，获得解决方案。才能真正拥有释放情绪、直面生活的勇气。做一个会抱怨的人，千万别让“不抱怨的生活”把你憋出内伤!

抱怨是一种发泄方式，是一门艺术，也是善待亲情的另类表达方式。没有抱怨的家庭就没有活力；而“不会”抱怨的家庭是危险的，因为他们的每一次抱怨都可能是一次家庭大地震。希望大家都能学会这门艺术，在抱怨中宣泄自己的情感，同时又能增加家庭成员间的感情。

以平静的心态面对世事，方能有所收获

诸葛亮说：“静以修身，非宁静无以致远。”静心是一种自我世外情怀，它是由人无边的涵养而成，它不但是一种境界，也是人们成事之道。也就是说，要想看清事物的发展规律，要做到适可而止，以平静的心态面对纷扰的世事，方能有所收获。

人生最好的丰富，是内心的安静和平和。安静，并非要到深山老林无人处，才能得到静心，一个安静的人，即便是在人山人海中，繁华喧闹中，内心依然会有一份自持和清凉。

一位疲惫的诗人去旅行，出发没多久，他就听到路边传来一阵悠扬的歌声。那是一个快乐男人的声音。他的歌声实在太快乐了，像秋日的晴空一样明朗，如夏日的泉水一样甘甜，任何人听到这样的歌声，都会被马上感染，让快乐把自己紧紧地包裹起来。

诗人驻足聆听。歌声停了下来。一个男人走了出来，他的微笑甚至比他本人出来得更早。诗人从来没有见过一个人笑得这样灿烂，只有一个从来没有经历过任何艰难困苦的人，才能笑得这样灿烂，这样纯洁。

诗人上前问候：“你好，先生，从你的笑容就可以看得出来，你是一个与生俱来的乐天派，你的生命一尘不染，你既没有尝过风霜的侵袭，更没有受过失败的打击，烦恼和忧愁也没有叩过你的家门……”

男人摇摇头:“不,你错了。其实就在今天早晨,我还丢了一匹马呢,那是我唯一的一匹马。”

“最心爱的马都丢了，你还能唱得出来？”

“我当然要唱了，我已经失去了一匹好马，如果再失去一份好心情，我岂不是要蒙受双重的损失吗？”

有得必有失，有失必有得，何必患得患失？正所谓不以物喜，不以己悲，泰然处之胜似闲庭信步。世间的变化无法捉摸，最好的幸福就是保持淡泊的心，看淡得失亦是善待得失，不要有太多的欲望。世界上的事情如此复杂，又变幻莫测，并非所有的得到都让人羡慕，亦不是所有的失去都让人悲哀，塞翁失马，焉知非福？人生就如同戏剧，没演完就不知道是喜剧还是悲剧，一幕又一幕，最应该关心的是能否获得一个圆满的结局。生活的本质是平淡，富有智慧的人不会过分在意那些稀罕的东西。

李白失去高力士和杨贵妃得宠的朝廷，高呼“安能摧眉折腰事权贵”“古来圣贤皆寂寞,唯有饮者留其名”,成就了享誉诗坛的璀璨星星;陶渊明亦失去了官衔，却在“采菊东篱下”中得到了一份超然，留下了千古诗篇；张继与官场无缘，却让后人时时咏唱“月落乌啼霜满天，江枫渔火对愁眠”。

王昭君在画师的报复下，与大汉君主无缘，最终“一去紫台连朔漠，独留青冢向黄昏。”带着大汉的诚意，踏上了那条荒凉的不归路。从此告别了大汉的豪华宫殿，她失去了那世人眼中的荣华富贵，却得到汉匈数十年的和平与安定，以及后人的景仰与歌颂。

人们总是希望更多的得到，不要失去，也许不只是内心的自我安慰，殊不知“舍得，舍得，有舍才有得。”我们又怎么可能避开失去，亦不应该避开失去。要在得失之间保持一颗平和的心。看淡得失，善待得到和失去，多一些宁静，少一点欲望，我们才能超越于得失的庸碌之上。

倘若害怕失去，就要好好珍惜拥有。失去了唯一的帆，也不必向暴风雨屈服，要好好珍惜还剩下的桨，依旧可以到达成功的彼岸；即使失去了青春的宝贵时光，我们也不能向岁月低声下气，好好珍惜我们的壮年与老年，依旧可以创造奇迹。所以不要总在为了失去哭泣，看不见我们还拥有的，要善待得失，得而不惊，失而不悲，我们才会有更大的收获。

舍得二字虽然简单，太多的人却穷尽一生都无法参透。太多的人只看到了失，看不到拥有的，看不到得到的，更不知道得失是一个必然，知道舍后得的人就几乎没有了。事物总是相辅相成的，上帝在关上一扇门时，就会打开另一扇门。当你在失去这扇门的时候，你同时就拥有了进那扇门的机会。关键是看你有没有看到那扇门，如果一味地为关闭的门悲伤，又怎么会看见呢？

当局者迷，旁观者清。当你觉得自己是局外人时，你可能就会觉得豁然开朗，得失就不会那么重要了，很多问题也就迎刃而解了。当你善待得失时，也就把得失看淡，把欲望看淡。得意忘形，失意亦不失态，烦恼少一些，生活中会洒满阳光。

其实人性的弱点就是缺少一颗平和的心，太注重得失，才会让自己活得很累，很痛苦。不要太在意一分耕耘就必须有一分收获，在付出中收获过快乐就已经是幸福。不要为了无谓的结果怅然若失，喜怒无常，闹心又伤身。

不要把每次的考核看得太重，把它看成是简简单单需要用心去完成的东西就好了，至于考核后的晋升、奖励，何苦看得太重呢？多大的功就要多大的劳。用心了再差也不会过了线，或许卸下了包袱，反而会发挥得更好。很多的时候，越想证明自己，就越是出错，越达不到目的，那是心太急了。再努力，可是时间是有限的，我们做的不是要多大的荣誉，而是把基础打好。用一颗平和的心看待得失，不用被无尽的欲望淹没。

平静地看待一切，善待得失，不要太在意别人说什么。世上本就没有什么完美，为什么一定要对得失做一个评价？完成了，过去了，为何还要去做无谓的衡量。冥冥中自有定数，不要在算计中和幸福擦肩。

一个人的幸福不是她拥有很多，而是她计较的很少，欲求的很少，珍惜的很多。拥有宁静致远的胸襟，雍容大度的风度，善待自己的得失，幸福就会像野草一样疯狂蔓延，像烟雾一样占据每一个空间。你看得淡了，幸福就膨胀，欲望若膨胀，幸福就随之变得遥不可及。人的心境不同，环境不同，但祸福相依，喜忧参半，只要克制了自己的欲望，善待得失，就会发现生活中美好的一切，幸福就会像秋收的麦谷一样接踵而来。

只羡鸳鸯不羡仙，黄昏的暮色中，那对相互搀扶着踟蹰前行的贫寒老人；那些追逐嬉戏的民工孩童；那双叽叽啾啾歇落林梢的雀鸟；那朵羞答答的夜来香。在我眼里，无不都已幻化成了永恒与幸福的象征。恍然间发现，其实幸福与快乐原本时时存在，人们只是在追逐欲望间，缺少一份找寻和发现它的心情而已。有人说：命运给我颜色，我正好开个染坊；命运给我一地碎玻璃，我何不将它们制成可以跳天鹅舞的水晶鞋。能够如此善待得失，感悟生活的人，相信幸福必定比比皆是。

当你的心对你拥有的一切感到满足时即是幸福。计较太多的得失，使幸福永远都追不上欲望的脚步，当然只能活在悲愤里。玫瑰娇艳却有扎人的刺，牡丹高贵但没有茉莉的清香，梅须逊雪三分白，雪却输梅一段香。要求一份十全十美的全部拥有，要让幸福如何给予？

争一分，山重水尽路崎岖；退一步，海阔天空情舒畅。失去的是身外之物，得到的是身心健康。对于任何事情都要保持自我克制，不要有太多欲望，看淡得失渗透人生。无论事业、生活，计较得失越多，越不容易得到。知足者常乐，通常不开心都来源于不知足，一个人如果欲望太多，得不到的太多，就会不快乐。当把得失看淡，真心付出，才有意外之喜。

善待得失，不要有过多的欲望，珍惜你所拥有的。生活中不缺乏美，而是缺乏发现美的眼睛，不要对得不到的抑或失去的东西耿耿于怀，凡事看轻些，再轻些；看淡些，再淡些……

人生的得与失，就像流淌的水一样，遭遇沟壑便有一点不再流淌，剩下的继续流淌直到汇入江波流向大海。心总是处于如此安泰时，世界便是寂然的、平静的、空旷的，豁达的。不怕失去就怕失得不值。该失之失为得，不该之得为失。

适当的低姿态，是人生的大智慧

低调是一种清醒，它在热闹纷繁中，留一份警觉给自己；低调是一种内敛，看上去卑微低下，却蕴藏着无限潜力；低调是一种沉静，它具有大地般的宽厚与大山般的坚韧。有品位的人不一定低调，有内涵的人也不一定低调，成熟的人也可以不低调，但是，反过来说，低调的人，更有品位，更有内涵，也更成熟。

有这样一位非常令人尊敬的老人，曾经有着传奇的人生：

青年时期，他与许多热血青年一起，振臂高呼救国，办过杂志，写过文章，篇篇都是犀利檄文，他因此蹲过国民党的监狱。后来，他有官不做，以教书为业。他的才学，到了博古通今的地步，因此培养了诸多优秀学子。他曾经在许多政治运动中受过迫害，吃过不少苦头，但他毫不在意，依然笑对春风，举步从容。

晚年，他带着目不识丁的老伴和几箱书，回到了故乡。他请人翻修了半颓的祖屋，在祖屋的门楣上，用行楷写下了“归来居”的匾额。

在匾额的上方，用隶书抄写了陶渊明的《归去来辞》，同时在空余的位置，画了几笔淡淡的兰花。他把门庭打扫干净，住了下来。

从此，他开始了晚年的生活：养花、种草、写字、画画。他养的花草，有月季、吊兰、君子兰等，冬天还有水仙。在他家的小天井里，他经常给花草浇水。而他身后，悬挂在里屋门墙上的一株吊兰，蔓生的枝条衍生的阴影已把半边墙遮蔽。他的家中，悬挂着他的书法和国画作品。他画马、画兰花，他的书法真草隶篆俱佳，内容有文天祥的《正气歌》、诸葛亮的《出师表》，以及陶渊明的诗。他最拿手的，是板桥体，行云流水，似俗似雅。偶尔，他还会腌制酱菜、豆腐乳、小片的腊肉。他精通腌制术，经他腌制的食物，竟有一股与村里人不同的美味。因为我经常去他家读书，常被他留下来用餐，多次有幸尝到这种美味。

冬日的阳光下，他躺在他祖屋前空地的躺椅上闭目，有人经过也充耳不闻，像是回忆起某件已相隔久远的往事，或是陷入对往昔的叹惋之中，或者他会翻阅古籍。他读书的样子十分端庄，仿佛他捧着的不是一本普通的书，而是一件圣物。

黄昏，他经常在田野中散步。偶尔，他会和路遇的老农攀谈，聊起庄稼、天气，更多的时候，他会一言不发，举止安详。在绿色的田野里，他头顶雪冠，白衣飘飘，像极了传说中的仙人。

经常有村里人登门向他求字，作为亲友娶媳嫁女上梁的赠礼，或者新居永久的门联。他用上好的红色撒金宣纸书写，文字大多由他拟成，内容典雅庄重，文采斐然。每副对联，他都亲自裱好，并且收五元的工本钱。故乡五里方圆的许多房子的门前、厅堂至今保留的文字，都是他的作品。他总是高兴地说，每件五元，除了成本，略有盈余。说这话的时候，他高兴得像个孩子。这种非常有意思的“买卖”，让他获得了世俗的欢乐。

一个人的晚年生活居然可以安排得如此浪漫而充满诗意！这位令

人十分尊敬的老人诗意地栖居，不仅是一种对生活的态度，同时也是一种修养，一种品格。

日本人赚钱有个三字诀，即“低、感、欣”。“低”即低姿态，见了他人后要保持低姿态，主动降低自己的高度，鞠躬行礼；“感”即感谢，别人是给你送钱来的，是看得起你，你要对他表示万分感谢；“欣”即微笑，对人要面带笑容，给人一个美好的软环境。

这正如我们的先哲所提倡的“低调做人”。低调做人，并不是什么事情都退在后面，自己的利益被别人剥夺强占也不发任何声音，自己的人格被别人侮辱也不反抗，这不是低调，这是懦弱。低调做人，是不要太招摇，不要有点钱或有点小本事就拿出来显摆，什么事情自己心中都要有数。

低调做人都拥有低姿态，对于生意人来说具有特别的意义。在秦始皇陵兵马俑博物馆，人们可以看到那尊被称为“镇馆之宝”的跪射俑。这跪射俑被称为兵马俑中的精华、中国古代雕塑艺术的杰作。

秦兵马俑坑至今已出土清理各种陶俑 1000 多尊，除跪射俑外，皆有不同程度的损坏，需要人工修复。而这尊跪射俑是保存最完整的、唯一一尊未经人工修复的。仔细观察，就连衣纹、发丝都还清晰可见。跪射俑何以能保存得如此完整？人们说，这得益于它的低姿态。

首先，兵马俑坑都是地下道式土木结构建筑，当棚顶塌陷、土木俱下时，高大的立姿俑首当其冲，低姿的跪射俑受损害就小一些。其次，跪射俑做蹲跪姿，右膝、右足、左足三个支点呈等腰三角形支撑着上体，重心在下，增强了稳定性，与两足站立的立姿俑相比，不容易倾倒、破碎。因此，经历了两千年的岁月后，它仍能完整地呈现在我们面前。

乍一看，“低姿态”给人以懦弱和畏惧的感觉，可事实并非如此，有时候，适当的低姿态，是一种处世之道，是一种聪明之举，是人生的大智慧、大境界。它可以让你避开无谓的纷争，可以更好地保全自己，发展自己，成就自己。正如老子说，当坚硬的牙齿脱落时，柔软的舌头还在，柔软胜过坚强，无为胜过有为。

美国石油大王洛克菲勒说：“当我从事的石油事业蒸蒸日上时，我自始至终晚上睡觉，总会拍拍自己的额角说：‘如今你的成就还是微乎其微！以后路途仍多险阻，若稍一失足，就会前功尽弃。切勿让自满的意念，搅昏你的脑袋，当心！当心！’”这句话的意思就是劝说人们要有低姿态，尤其在稍有成就时应格外当心。

人们大都会有这么一种想法：愈是低调的人，你愈是喜欢找出他的优点来推崇；愈是把自己的所作所为看成了不起，孤傲自大的人，你愈会瞧不起他，更喜欢找出他的缺点，加以全力攻击。洛克菲勒正是明白这个道理，才说出这番话，并且从中获益的，因为经过一番警惕后，因小有所成而引起的过度兴奋的情绪，便可平静了。

比尔·盖茨可以说是从低调中获利最大的人。很多年前，在Windows还不存在时，他去请一位软件高手加盟微软，那位高手一直不予理睬。最后禁不住比尔·盖茨的“死缠烂打”同意见上一面，但一见面，就劈头盖脸讥笑说：“我从没见过比微软做得更烂的操作系统。”

比尔·盖茨没有丝毫的恼怒，反而诚恳地说：“正是因为我们做得不好，才请您加盟。”那位高手愣住了。盖茨的谦虚把高手拉进了微软的阵营，这位高手成为了Windows的负责人，终于开发出了世界最普遍的操作系统。

低调的好处实在太多了，所以真正懂得低调精髓的人，无疑是一个高智慧的人。低调的人虚怀若谷，就像海绵体一样，无时无刻不在吸收外来的信息和知识，不断地充实着自己的内在，当那些高傲的人在不知不觉中流失养分的时候，低调的人就是最大的赢家。

低调的人同时也是一个最容易和“机会”对上眼的人。因为低调的人不会自我设限，总是觉得自己有所不足，所以会敞开心胸来迎接各种可能，当然就不会错过好的机会。

表面上看起来，低调的人似乎不够活跃无法抢到得分的好位置，但是实际上却早已成为胜券在握、收获最多的人。

人生，实际不需要炫耀，炫耀的人是肤浅的，是虚伪的，是不可一世的狂傲，有些幼稚，也有些无知。故作姿态，到处显摆，到最后是害了自己，俗话说："出头的椽子必先烂，出头的鸟儿必先受伤。"虽然低调的人生不浓、不烈，但是，其丰富的内涵，是不经历风雨而万难拥有的，不露锋芒，却也总是给人踏实和幸福的感觉。

低调不是卑微，是处事的韬略，是人生渐入佳境的高远，是得大于失的收获。

人生，学会低调，做一个低调的人，你将会有丰硕的收获。做一个低调的人，做一个受欢迎的人，从而，保持生命里的一份恬淡。

感恩不仅是一种心态，更是一种美德

人生于天地之间，戴天地之大恩，时时保有一颗感恩的心最为可贵。拥有感恩的心，你会感激地球，是它给了我们安身立命之所，我们在宇宙中有一个生存的环境，富饶土地上的各种物产，给我们的生存提供了充足的物质保障。

拥有一颗感恩的心，使你对世间的诸多事情改变看法，让你少一些怨天尤人和一味索取。滴水之恩，当涌泉相报。父母的养育之恩，亲友之间的知遇之恩，同事之间共同工作的缘分等等。不要等到失去了，才懂得珍惜。感恩，不仅是一种心态，更是一种美德。

1963 年的一天，医生说霍金的身体会越来越不听使唤，只有心脏、肺和大脑还能运转，到最后，心脏和肺也会衰竭。霍金被“宣判”只剩下两年的生命。霍金患上的是“卢伽雷氏症”，即运动神经细胞萎缩症，这种病恶化得相当迅速。这对正值风华正茂的霍金的打击是可想而知的，当时他几乎放弃了一切学习和研究。

霍金的病情渐渐加重。1970 年，在学术上声誉日隆的霍金已无法自己走动，他开始使用轮椅，坐在轮椅上的霍金仍极其顽强地工作和生活着。1985 年，霍金动了一次穿气管手术，从此完全失去了说话的能力。但就是在这样的情况下，他仍然探索着宇宙的起源，并写出了著名的《时间简史》。

1991 年 3 月，霍金在一次坐轮椅回柏林公寓过马路时被小汽车撞倒，左臂骨折，头被划破，缝了 13 针，但 48 小时后，他又回到办公室投入工作。又有一次，他和朋友去乡间别墅，上坡时拐弯过急，轮椅向后倾倒，这位引力大师当即被地球引力掀倒在了灌木丛中。

虽然身体的残疾日益严重，霍金却并没有抱怨老天的不公，而是一直力图像普通人一样生活，完成自己所能做的任何事情。他甚至可以说是活泼好动的，虽然这听起来有点好笑。在他已经完全无法移动之后，他仍然坚持用唯一可以活动的手指驱动着轮椅在前往办公室的路上"横冲直撞"。在莫斯科的饭店里，他建议大家来跳舞，他在大厅里转动轮椅的身影真是一大奇景。当他与查尔斯王子会晤时，旋转自己的轮椅来炫耀，结果轧到查尔斯王子的脚指头。

当然，霍金也尝到过"自由"行动的恶果，这位量子引力的大师级人物，多次在地球引力的左右下跌下轮椅，可幸运的是，每一次他都顽强地重新"站"了起来。

在一次学术报告结束之际，一位年轻的女记者捷足跃上讲坛，面对这位已在轮椅上生活了三十余年的科学巨匠，深深景仰之余，又不无悲悯地问："霍金先生，卢伽雷病已将你永远固定在轮椅上，你不会焦虑命运让你失去了太多吗？"这个问题显然有些突兀和尖锐，报告厅顿时鸦雀无声，一片静谧。

霍金的脸庞却依然充满恬静的微笑，他用还能活动的手指艰难地叩击键盘，于是，随着合成器发出的标准伦敦音，宽大的投影屏上缓慢而醒目地显示出如下一段文字：

我的手指还能活动

我的大脑还能思维

有我爱和爱我的亲人和朋友

对了，我还有一颗感恩的心

心灵的震颤之后，掌声如雷。人们纷纷拥向台前，簇拥着这位非凡的科学家，向他表示由衷的敬意。在常人看来，命运之神对霍金是苛刻得不能再苛刻了：口不能说，腿不能站，身不能动。可他仍感到自己很富有：一根能活动的手指，一个能思维的大脑……这些都让他感到满足并对生活充满了感恩之心。因而，他的人生没有抱怨声，有的只是充实和快乐。

与霍金相比，我们有的人什么也不缺，要金钱有金钱，要手脚有手脚，可生活给他一点磨难，他就开始怨天尤人了。这样的人没有感恩之心，快乐也与他失之交臂。如果我们时时能用感恩的心来看这个世界，就会觉得这个世界很可爱、很富有！

一个生活贫困的男孩为了积攒学费，挨家挨户地推销商品。傍晚时，他感到疲惫万分，饥饿难挨，而他推销的却很不顺利，以至于他有些绝望。这时，他十分饿，他敲开一扇门，希望主人能给他一杯水。开门的是一位美丽的年轻女子，她却给了他一杯浓浓的热牛奶，令男孩感激万分。

许多年后，男孩成了一位著名的外科大夫。曾给他恩惠的女子，因为病情严重，当地的大夫都束手无策，便被转到了那位著名的外科大夫所在的医院。外科大夫为妇女做完手术后，惊喜地发现那位妇女正是多年前在他饥寒交迫时，热情地给过他帮助的年轻女子，当年正是那杯热奶使他又鼓足了信心，完成了学业。那位妇女想这次费用一定很贵，当她鼓起勇气看账单时惊喜地发现：手术费单上有一行字：手术费 = 一杯牛奶。

英国作家萨克雷说：“生活就是一面镜子，你笑，它也笑；你哭，它也哭。”你感恩生活，生活将赐予你灿烂的阳光；你不感恩，只知埋怨，就只会终日无所成，沦落成愤世嫉俗。每一天，让我们怀着感恩的心感受阳光雨露；每一天，让我们怀着感恩的心领受食物；每一天，让我们怀着感恩的心领受他人的服务并给予回报。

让我们怀着感恩的心感谢日月星辰，让我们怀着感恩的心感谢山河大地，让我们怀着感恩的心感谢社会人生，让我们感谢自己，感谢自己拥有一个懂得感恩的灵魂。

当你心存感激，困难会让你变得更坚强

不要总惦记命运给你开的某个“玩笑”，不要总抱怨这个社会如何待你“刻薄”。失败了并不代表永远没有机会，当你心存感激，你会发现，困难会让你变得更坚强。有这么一句话：“一个女孩因为她没有鞋子而抱怨哭泣，直到她看见了一个没有脚的人。”在日常生活中，我们常常没有珍视身边所拥有的，而当失去它时才又开始悔恨。

史蒂文斯在一家软件公司做程序员，已经工作了8年。然而有一天，他失业了，一切来得都是那么的突然。他一直认为自己将会在这个公司工作，直到退休，然后拿着优厚的退休金养老。没想到，公司在这一年却倒闭了。

此时，史蒂文斯的第三个儿子刚刚出生，他并没有抱怨命运的蹉跎，在感谢上帝的恩赐的同时，他也意识到：作为丈夫和父亲，自己存在的最大意义就是让妻子和孩子们过得更好。自己迫在眉睫的事，便是要重新找一份工作。

史蒂文斯的生活开始变得凌乱不堪，每天最重要的工作就是不断地寻找工作。可除了编程，他一无所长。一个月过去了，他依然没有找到适合自己的工作。

一天，史蒂文斯在报纸上看到一家软件公司正在招聘程序员，待遇也不错。于是，史蒂文斯就揣着个人资料，满怀希望地赶到那家公司。让他没有想到的是，应聘的人多得难以想象，这意味着，竞争将会异常地激烈。史蒂文斯并没有退缩，因为责任不允许他胆小，他从容地面试，经过简单的交谈，公司通知他一个星期后参加笔试。

笔试中，史蒂文斯凭着过硬的专业知识轻松过关，两天后复试。他对自己 8 年的工作经验无比自信，坚信面试对自己而言不是太大的麻烦。出乎意料地，考官所问的问题和专业竟然没有关系，而是关于软件业未来的发展方向这样的问题，这些是史蒂文斯从未认真思考过的。

虽然应聘失败，可史蒂文斯仍然没有抱怨，而是感觉收获不小，觉得这家公司对软件业的理解，令他耳目一新，他认为有必要给公司写一封信，以表达自己对此的感谢之情。他提笔写道："贵公司花费人力、物力，为我提供了笔试和面试的机会。虽然落聘，但此次应聘使我大长见识，受益匪浅。感谢你们为之付出的劳动，衷心地谢谢你们！"

这封信与众不同，落聘的人不但没有表示不满，竟然还毫无怨言地给公司写感谢信。这封信被层层上递，最后送到了公司的总裁办公室。总裁在看了信之后，一言不发，把它锁进了抽屉里。

3 个月过去了，在圣诞节来临之际，史蒂文斯收到了一张精美的圣诞贺卡，上面写着：尊敬的史蒂文斯先生，如果您愿意，请和我们共同度过圣诞节。贺卡就是他上次应聘的那家公司寄来的。原来，这家公司出现了职位空缺，他们首先想到了史蒂文斯。

这家公司便是世界闻名的微软公司。在史蒂文斯上任十几年后，他凭着出色的业绩，一直做到了副总裁。

无论情况好坏都要抱着积极的心态，不要让抱怨取代热情，生命可以价值很高，也可以一无是处，随你怎么选择。看不到将来的希望，就激发不出现在的动力，抱怨的心态会摧毁人们的信心，使希望泯灭。

当你面对困难，请不要焦虑，每一个人、每一件事都有值得你感激的地方，失败了并不代表永远没有机会，当你心存感激，你会发现，困难会让你变得更坚强，并促使你走向成功。

在美国西部的一家旅馆里，杰克在大堂的餐厅里就餐时，发现自己的右前方有三个黑人孩子在餐桌上埋头往纸上写着什么。

杰克觉得挺好奇，便友好地和他们打招呼，并问他们在做什么，三个孩子中最大的一个对他说：“我们正在写感谢信。”他的回答让杰克非常诧异。

于是杰克接着问道：“你们的感谢信是写给谁的？”

“我的是写给妈妈的。”又一个孩子回答。

杰克觉得更奇怪了：“为什么要在一大早写感谢信？”

“我们每天都写，这是我们每日必做的功课。”孩子回答道。

每天都写感谢信！杰克觉得非常不可思议。杰克禁不住凑过去看了一眼他们每人手下的那沓纸。老大在纸上写了八九行字，小一点的写了五六行，最小的只写了两三行。

再细看其中的内容，却是诸如“昨天的晚饭很香”“感谢妈妈昨晚给我讲了一个很有意思的故事”“感谢妈妈每天送我上学”“哥哥主动把他的玩具让给我了”之类的简单语句。

原来他们写的感谢信不是专门感谢妈妈帮了他们多大的忙，而是记录下他们幼小心灵中感觉很幸福的一点一滴。他们也许还不知道什么叫“大恩大德”，却明白对每一件美好的事物心存感激。他们感谢母亲辛勤的工作，感谢同伴热心的帮助，感谢兄弟姐妹之间的相互理解……他们对许多我们认为是理所当然的事都怀有一颗“感恩的心”。

的确，生活中所有的事物，所有给我们爱的人，都是值得我们感恩的。也许有人会说，那些的确是值得感恩的，但是我们也经过坎坷，也有很多烦心的事，这些事难道不值得感恩吗？

其实，每个人在生活中都会不断遇到麻烦事，有时还会遭到别人的恶意诽谤，懂得感恩的人对那些无理诽谤、心存恶念的人依然会感恩。他们往往会检讨自己是否哪件事情做得不好，换位去理解对方的心理阴影，他们不焦虑、不发怒，而是对所有人都报以微笑，于是昔日的敌人变成了今天的朋友，所有的不愉快也都化为乌有，他们的生活当然也充满阳光。

相反，如果在工作中、生活中有太多的计较，处处以自我为中心，一旦稍不合意，就抹杀别人曾对自己的恩德，焦虑不止，弄得自己孤立无助，活得很累，也很不开心。

人生不会一帆风顺，我们会遇到种种挫折和失败。如果我们不敢勇敢地面对，旷达地处理，而是一味地埋怨生活，这只会使自己变得消沉、萎靡不振。拥有一颗感恩的心，像罗斯福那样换种角度去看待人生的失意和不幸，你就会总是保持健康的心态、完美的人格和进取的信念。

PART 08

生活中，变数总是无处不在

风永远不顺着你的发型吹

焦虑心理学注重可能性，包括小概率事件，强调事物的变化及不确定性。一件事你做一次没出差错，第二次也没出问题，做多了，小概率事件就逐渐变成了必然事件。“上得山多终遇虎”，指的就是这种情况。

在古代，环境还没有被破坏得这么厉害，山上有老虎是常有的事。尽管一只老虎的领地可达数平方公里，但它也不是天天在领地闲逛，所以上一次山遇到老虎的概率也不高。但如果每天都上山的话，总有一天会倒霉的。

现在环境破坏得严重，要“遇虎”，大概只能到动物园去了。但现实生活中，因为心存侥幸而最终“遇虎”的悲剧却在不停地上演。比如：

明明湖边的提示牌上写着：水深危险，请勿游泳！但总有人以为自己水性好、技术高，硬要下水。游一次没事，游 N 次还是没发生什么，后来第 N+1 次溺水身亡了。

明明路口亮起了红灯，但还是有人趁着车还远，赶紧过马路，N 次都没出意外，第 N+1 次发生了车祸。

明明不能酒后驾车，但还是有人觉得没有喝多、神志清醒、反应敏捷，倒霉的事不会摊在自己头上，酒驾了 N 次都没出事儿，第 N+1 次出事儿了。

明明偷窃别人的钱财不对，第一次偷东西很害怕，第二次没那么怕了，直到 N 次还是能逍遥法外，第 N+1 次终于被逮了个正着。

生活中这样的例子举不胜举，上得“山”多，就越做越大胆，越来越肆无忌惮。总有一天，真的遇到了“虎”。

侥幸心理是酿成很多祸患的诱因、条件、根源。你可以狡猾地躲过“一万”，却难躲过“万一”；能够逃过今天，但逃不过明天。哲学家狄德罗曾说过：“人生最大的错误，往往就是由侥幸引诱我们犯下的，当我们犯下不可饶恕、无从宽释的错误之后，侥幸隐匿得无影无踪。而我们下一个拿不定主意的时候，它又光临了。”

其实，除了“上得山多终遇虎”之外，中国还有很多话都可以反映出这个焦虑心理学，如：“多行不义必自毙”“常在河边走，哪有不湿鞋”“常赶集没有碰不上亲家的”，还有《无间道》电影中的那句经典台词：出来混早晚要还的。说的就是这个道理。

所以，在人生的道路上我们应时刻谨记焦虑心理学，这样我们会少一点“遇虎”的后悔。而如果总是心存侥幸，焦虑先生就会跳出来惩罚我们。

有人认为，焦虑心理学的描述太过绝对和悲观，缺乏科学依据，很容易被推翻。其实，这是一种误解。

焦虑心理学乍一看的确绝对而悲观，这首先是由于东西方文化差异造成的，焦虑心理学以一种西方特有的幽默调侃方式描述人、事、物，对西方的语言风格不熟悉的人，自然会觉得太绝对，而熟悉西方文化的人，或者即使是经常看美国大片的人，则会轻松意会其中的幽默和睿智；对于是否悲观，不同的人有不同的看法，尤其是对于阅历不同的人来说更是如此，对比后你会发现，你的人生经历越丰富，就越会觉得诞生于人类盲目的乐观之中的焦虑心理学具有普遍性。

一般来说，定律得出有两种途径，一是逻辑推理，二是经验归纳。焦虑心理学遵从的是第二条途径。定律的产生不仅是它来源的科学性，还有它应用的有效性。换句话说，假如一条道理被归纳出来，同时被无数事实证明是有效的，也就可以称为定律了，而不必达到数学上的精确。

更何况，焦虑心理学在很多情况下也是经得起逻辑推理的，就拿“风永远不顺着你的发型吹”这一条来说吧，除了美式幽默“永远”二字让人觉得太过绝对外，事实上，风真的很难顺着谁的发型吹。

众所周知，基本的风向有八种：东、南、西、北、东南、西南、东北、西北，从概率的角度看，假如你面向一个方向不动，风只有12.5%的可能正好顺着你的发型吹，相应的，它有87.5%的可能不顺着你的发型吹。

但实际上，除了这八种基本的风向外，还有若干种偏东、偏南、偏西、偏北风。举例来说，若用东和南组成一个九十度的直角，刚好平分这个直角的风叫东南风，而没有平分的风则叫偏南风或偏东风。从几何学常识我们知道，平分直角的射线只有一条，而不能平分直角的射线有无穷多条。也就是说，风向实际上远远不是八种，而是趋向于无穷种。

而且，人不太可能一直不动地面朝同一个方向。所以，现实中风顺着你的发型吹的概率实际上远远小于12.5%。即使某个时刻风刚好顺着你的发型吹了，由于它根本没给你造成任何烦恼，所以你可能一点也没留意到。

常常忽视如意之事而关注不如意之事，是人之通病。再加上顺着发型吹的概率本来就小，因此，不仅“风不顺着你的发型吹”是大概率事件，而且即使加上“永远”二字也并不显得有多么绝对。

人生在世，不仅仅要做发型，还有很多其他的事情要做，而决定一件事是否如自己所愿的因素，恐怕绝不止风向那么简单。所以，我国古代就有“人生不如意十之八九”之说，这可以看作我国古代的“焦虑心理学”。只是，我们的祖先比较严谨，没有说得那么绝对罢了。

在现实生活中，事事如意的概率很低，所以只可以作为祝愿和向往存在。当我们面临生活中的种种不如意视若寻常，珍视如意之事，你的人生就会多一些欢笑和幸福。

不大可能发生的灾难总会发生

如果坏事有可能发生，不管这种可能性有多小，它总会发生，并造成最大可能的破坏。焦虑心理学揭示了一个客观事实：大概率事件会笼罩我们，而小概率事件也同样会发生，而且发生的频率要高于普通人常识所认为的水准，一如犯错。

任何人做任何事，即使出错的概率非常小，但只要有出错的可能，就有可能会出错。

在统计学上，《大数定律》叙述了这样一种现象：某一个极小概率事件，当实验的次数趋向于无穷大的时候，纵观整个发展历程，小概率事件发生的概率可趋向于 1，即必然发生。

例如，飞机被公认为世界上最安全的交通工具，一般没有事故。据统计，飞机造成人员伤亡的事故率是三百万分之一。也就是说，要积累三百万个航班——你每天坐一次飞机，这样飞上 8200 年，才有可能遇到一次事故。这样的安全系数，甚至比走路和骑自行车都高。

然而我们看到，机毁人亡的事件每年都在发生，而造成的破坏比走路和骑自行车不知要大多少倍。对于全世界，任何事件，即便发生的概率极其微小，长期来看就成大概率事件，甚至是必然事件了。

对于整个人生，任何一个事件，只要具有大于零的出错概率，我们就不能够假设它不会发生。正是人们通常误认为小概率事件不会发生，麻痹了人们的防范意识，加大了事故发生的可能性，结果导致差错不断，事故频发。

所以，我们在事前应该是尽可能想得周到、全面一些，采取多种保险措施，未雨绸缪，防微杜渐，防止偶然发生的人为失误而造成损失或灾难。

生活中我们总能听到有人在说“不大可能”，在多数情况下，说“不大可能”的人不是在表明这件事的概率低，而是在委婉地表达“不可能”，或者给自己的侥幸心理打气，直到受到焦虑心理学的惩罚。

遥想轰动全球的“泰坦尼克”号，大家都记忆犹新吧。当年的建造者曾宣称：“这是一艘永不会沉没的轮船。”但结果呢？尽管泰坦尼克发生碰撞的海域（东普罗维登斯）远离冰川密集区，“不大可能”撞上冰川，但它还是撞上了。也正是因为大家觉得“不大可能”甚至“不可能”，轮船上才配备那么少的救生艇。

其实，这条巨轮的灾难早就显现出了“预警”。

1898 年，英国作家摩根·罗伯森写了一本名叫《泰坦的遇难》的小说。小说内容描写一艘命名为“泰坦”号的巨型邮轮，在处女航中，因海上大雾，触到冰山而最后沉没。故事情节还穿插了旅客的爱情故事以及生离死别的人间悲剧。14 年后的 1912 年，英国建造了一艘名为“泰坦尼克”号的豪华邮轮，并于同年 4 月 10 日从英国做横渡大西洋直驶纽约的处女航。不幸的是，这艘有史以来吨位最大、设备最完善的巨轮，航行了 4 天后，居然和罗伯森小说中所描述的一样，因撞上冰山而沉没。

“泰坦尼克”号沉没的情节、过程与罗伯森笔下的小说如出一辙。不仅如此，二者还有众多的相似之处：小说中描写的“泰坦”号长度800英尺，排水量7.5万吨，有19个防水隔舱，3个推进器，航速25节，可以载客3000人，但只备24只救生艇。“泰坦尼克”号的长度是882英尺，排水量6.6万吨，有16个隔离的防水舱，3个推进器，航速23节，载客量为2224人，只备了22只救生艇。

如果几件事里都可能出错，常常是那件危害最大的事出错。相似点是：两船出事后乘客伤亡惨重的原因都是因为船上的救生艇太少。

这是一个神奇的预言，同时也是一个值得重视的“预警”。是“泰坦尼克”号的建造方、管理人员没有一个人看过这部小说吗？有这个可能，但更大的可能是，就算看过，他们也会认为小说里虚构的故事“不大可能”真的在现实中发生。大家都太大意了，认为“泰坦尼克”号是“永不沉没”的，船长对它太有信心，对自己也太有信心。其实，在“泰坦尼克”号前面的轮船已经发出了冰山预警，但高傲的船长并没有重视，仍然以最高速行驶，他认为凭着自己多年的航海经验，发现冰山后再转舵也可以避开冰山。然而，瞭望员并没有装备望远镜，发现冰山时，船体巨大的“泰坦尼克”号根本无法快速转弯。

也许有人认为，罗伯森的小说和前面船只发出的预警不是正式预警，那么，面对正式的预警就不会有人心存侥幸吗？

“泰坦尼克”号沉没之后，国际海冰巡逻组织就开始监控北大西洋地区的冰川状态变化，在冰川季的每天，都会发布预警信息。但仍然有船只试图走捷径而驶入危险区域。2010年，就有一艘船不听预警而与冰川相撞，庆幸的是，它撞上的是一块小冰山，只导致该船进入船坞大修，而无人丧生。

因此，我们任何时候都不要抱有侥幸心理，不要以为“不大可能”的事就不会发生。人生不会每时每刻都那么幸运，如果不知道吸取教训，早晚会被那块曾经侥幸绕过去的石头绊倒。

正确选择来自错误的经验

人的一生面临很多纠结的选择题，向左走还是向右走，令人颇伤脑筋。有什么样的选择，就有什么样的人生。我们今天的现状是几年前选择的结果，今天的选择决定几年后的状况。很多人往往选择了不该选择的，放弃了不该放弃的，给自己的人生增添了很多烦恼。他们之所以做出了错误的选择，往往是因为缺乏足够的判断力。

人生是在一连串的判断下累积而成的，拥有正确且果断的判断能力，是一个人在竞争激烈的社会中所应具备的基本条件。可以说，人生的较量都是依据判断而进行选择的一场智慧之战。经验是一种在需要之前没有的东西。读万卷书，不如行万里路；行万里路，不如阅人无数。没有经历、体验过东西，是很难有真知灼见的。

每个人最初都很难做出正确的判断，因为我们没有那么多经历和体验；但在一次又一次的错误判断和痛苦经验中，如果吸取了足够的教训，就能逐渐学会正确的判断方法，也就自然成了一个智慧的人。

“人非生而知之。”一个人不是生来就有经验的，而是经历了很多错误的判断和痛苦的体验之后逐渐积累而形成的。

经验能让人明白下次遇到同样的事情该怎么办，从中避免走一些弯路，但也会让人犯机械教条的错误。因为，一切事物都是发展变化的，意外的情况时有发生，所以你不可能用经验避免所有的错误，如果过分依赖经验，囿于成见之中，不仅不利于创新，还会产生负迁移，甚至有可能犯下不可挽回的大错误。

一个登山队要攀登一座雪峰。登山前，队员们把食品、药物以及其他必备的登山器材都已准备妥当。登山队中有一位专家，他提醒负责人说：“多带几根钢针。在寒冷的雪峰上，燃气炉的喷嘴很容易堵塞，需要用钢针疏通。”负责带钢针的是一位老登山队员，听了专家的话，他应道：“好的。”但是，他并没有听从专家的建议，依然只带了一根钢针——他的经验告诉他：有一根钢针就足够了。

但令人遗憾的是，这支登山队最终没有把脚印留在山顶上，所有的人都丧命于寒冷的雪峰上，关键的问题就出在要命的钢针上，那唯一的一根钢针在使用时一不小心折断了。

世界上没有一成不变的事物，也就没有一成不变的经验。经验如果运用得当，可以起积极的作用，使我们避免很多错误，做事情事半功倍。但另一方面，经验也会使人们的思想僵化，在处理新事物或意外情况时又添新错。因此，生活中，我们要正确认识经验的作用，切莫掉入“经验”的陷阱。

人生的道路不会一帆风顺，每个人都会面临糟糕的情况。不要认为事情已经很糟了，焦虑心理学告诉我们，没有最糟，只有更糟；只要事情还能更糟，它就有更糟的可能。

例如：美国第十六任总统林肯，他生下来就一贫如洗，9 岁时母亲去世，15 岁才开始读书；24 岁时他与人合伙做生意，却因经营不善而倒闭，并因此负了 15 年的债；后来他再次经商，仍然是失败；

他八次竞选八次落败；甚至还精神崩溃过一次。好在，林肯面对这些挫折一直没有放弃追求，终于在1860年当选为美国总统。但刚当上总统不久，南北战争就爆发了，他在初期的战争中屡战屡败，最后好不容易成功统一了美国，再次当选总统，却在福特剧院看戏时被人刺杀而死。

在这个世界上，与林肯前半生经历类似的人很多。随便翻翻报纸，看看杂志，浏览一下网页都有深陷厄运的人，他们往往家境贫寒，而且家里总有人身体不好或早早过世，飞来横祸和各种挫败也如影随形。旁观者常感叹：为什么他们总是遭遇不幸？

面对种种磨难，情况是否会变得更糟糕，也许取决于难以捉摸的命运，但最终能否取得成就，也和一个人面临困难和挫折时所采取的人生态度有很大关系。不错，林肯的一生都在经历着糟糕的境遇，而且似乎越来越糟，但他没有选择退缩和自暴自弃，而是奋起拼搏，继续前进，因而他改写了美国的历史，最终成为最伟大的总统之一。而多数人在糟糕的境遇里只是一味地抱怨、乞怜，所以他们只有林肯的倒霉，却没有林肯的成功。

你越不希望厄运降临，它就越快降临

每个人都不希望厄运降临，但是厄运是生活的组成部分。当我们遭遇厄运时，掌握此厄运的知识越多，越是糟糕。

Carry 和 Alisa 两人在体检时同时发现自己患了肝癌，并且处于中期，Carry 是个律师，Alisa 是个没什么文化的贫民。Carry 到处找书、找资料来看，懂得越多，越清楚癌症的危害，越是害怕，整天想着癌细胞会如何扩散、怎样转移，想着癌细胞扩散后的种种悲惨，结果不到一年就死了。而 Alisa 不知道癌细胞扩散后会出现什么症状，医院告诉她癌块切掉了，她就认真地相信了，所以整天笑呵呵，手术后竟然活了十多年。

医务人员患肝癌，几乎没有人能活过半年的，因为他们懂得太多了。有位外科医生路过本院 B 超室，突然想起来近期偶有肝区不适，顺便做了个肝胆 B 超，发现肝内约 6 厘米的肝癌病灶，只活了一个星期。这还不是最快的案例，有的人得知诊断后，当天晚上就死了。

你越是对某种疾病了解，越是会因它丧命。精神紧张、情绪压抑、心情苦闷、悲观失望等不良心理是厄运的促进剂。而这些不良心理的产生往往是我们清楚厄运的危害后引发的。所以，当我们面临厄运的时候，只需要积极应对就可以了，千万不要太专注厄运本身的危害。

焦虑心理学发展到今天已经出现了众多的变体，“每件事都进展顺利，一定是哪里出了问题”就是其中之一。它告诫人们，当事情一切顺利时，要虑及可能发生的风险和问题。如果面临顺利的事情，就自我感觉良好，觉察不到内在问题的积累和外在的环境变化，最终将导致危机的到来。

迄今为止，人类历史上最惊心动魄的太空成就，莫过于美国。翻开美国的航天史，大家可以看到，从 1958 年成功发射美国第一颗人造卫星，到 1969 年首次把两名宇航员送上月球，并安全返回地球，几十年来美国在航天方面已创造了众多历史纪录，可以说是一切顺利。

当一切都朝一个方向进行时，最好朝反方向深深看一眼。“挑战者”号航天飞机在升空 73 秒后爆炸，7 名宇航员全部罹难。

这次的空难使美国人接受了教训，此后美宇航局暂停了航天飞机发射任务。直到 1988 年才再次走上正轨。接着，航天事业又有了新的成就，又创造了很多世界纪录。

然而，顺境中又出现了波折，2003 年“哥伦比亚号”又重演了“挑战者号”的悲剧，在返回地面过程中于空中解体，7 名宇航员无一生还。

任何事物的发展都会遇到一些问题，由于前期的周密计划和谨慎行事，这些问题会被处理掉和弱化掉，这样，事情就获得了成功；但随着成功次数的增加，人们往往会在一帆风顺中逐渐忽视顺利之中隐藏的小问题，直至大问题的产生和爆发。

人生也是如此，不管你是多么幸运的人，在做事顺利时，都不要沉迷于成功的喜悦而对其中的小问题视而不见。如果今天看上去完美的话，明天将是终结，因为你没有发现完美之中已经产生的问题。成功需要在各个环节上做准备，下力气，只有居安思危、常备不懈、未雨绸缪，才能避免功败垂成，或者由胜转败的结果发生。

没有选择的总是最好的

在大多数人的眼中，愚蠢是一个令人厌恶的词语，人们对于它总是见而避之，尽可能地使自己远离它。然而，事实上，每个人的骨子里都有愚蠢的成分，每个人也都有愚蠢的时候。

愚蠢的创造力真是无所不能，无论多么离谱和违反常识的事都会有人干出来。

一位亚利桑那人开枪打伤了自己。这倒没有什么可大惊小怪的，这种事情时有发生。可是为了呼救，这位受伤的人又开了一枪，打中了另外一条腿。

马克在一公路上看到一场车祸，那不是一般的车祸，是一对年轻夫妻吵架，因一时气愤将不足周岁的小孩扔到车窗外，等他们停下车想回去捡小孩时，扔出去的孩子已经被后面疾驰的车辆碾压，小孩已无生命迹象。

一个叫帕罗的 47 岁中年人，他和老婆在深夜两点开车瞎逛时感觉很无聊，于是点了一包炸药想扔出窗外看看会怎样。很遗憾他们看不到了，因为车窗没打开。

不要觉得他们可笑，其实我们在生活中也会时不时地干出蠢事，比如在慌乱时，在自尊心受到挑战时，在生气争吵时，甚至在无聊时。

任何人都难以避免在一生之中从不落入愚蠢的状态，特别是在年轻的时候，这都是人之常情，情有可原。况且，从上述的案例中我们都领教到了愚蠢的创造力是多么强。在这么强大的愚蠢力量面前，个人的心智和理性显得多么羸弱。

偶尔的愚蠢并不可怕，可怕的是常常愚蠢，甚至无休止地一直愚蠢下去。所以，我们要尽量保持理智，即使不能摆脱愚蠢，至少也要努力减少愚蠢。

人们常说："良好的开端是成功的一半。"但事实证明，有好的开端也未必有好的结果。

美好的开始，往往会让人放松警惕，以为事情会顺着自己的意愿发展下去，忽略可能会出现的错误，或者后继无力，终落惨败。例如：参加赛跑的人，起步固然要紧，但一开始冲在最前面的人，往往并不是最终的冠军，甚至连亚军、季军都不是。

人人都希望有好的开始，也有好的结果。但不管开始是多么的美好，我们都不要陶醉其中而停滞不前，如果一味沉浸于良好的开始而不去打算接着该怎么做，那么就会中途颓废，开始的美好也会随着事情的发展慢慢地出现问题，使事情向糟糕的方向发展。

因此，在人生的道路上，无论我们做什么事情，都不要虎头蛇尾。有了好的开始，一定要乘胜前进、持之以恒，把来之不易的良好势头深化下去，从而获得好的结果。

好的开始未必有好的结果，那么坏的开始呢？它给人们的阻力会更大，会更加艰辛，成功的希望会更加渺茫，结果可能会更糟。所以，焦虑心理学警示人们，要注重事情的全过程，每前进一段路，都要为下一段路做好充分准备。

生活中有很多选择题，当我们面对两个选项时，如果发现选择 A 好，选择 B 也不差，难免来回琢磨，不停纠结，到非决定不可的时候，心一横做出一个选择。结果在选过之后却发现，选到的是错的，没选的那个才是正确的。

这种现象让人哭笑不得，但之所以发生，也有其内在的原因。

如果有两种或两种以上的选择，而其中一种将导致灾难，则必定有人会做出这种选择。纠结常常是因为两个选项各有利弊，而且利弊看起来似乎是对等的。如果我们想得到所有的利，避免所有的弊，自然会陷入纠结之中，因为任何事物都有两面性，即使乍一看似乎是绝对有利的事，其中也隐藏着不利的因素。趋利避害是人的天性，何况还有为数不少的人是完美主义者和优柔寡断者，所以，面对看起来差不多的两个选项，许多人自然不断纠结。

太贪心会使人变得盲目，希望得到所有的好处，就搞不清楚自己真正想要什么或合适什么。这在职业选择和婚恋决策中非常普遍，所以在做了选择之后难免会后悔。

除了选择的盲目性之外，“没有选择的总是最好的”的心理,也会使人们觉得没选的是正确的。

面对两难选择的时候，我们首先要认识自己，找到自己的真正需求，认清自己的特点和优势，不可太贪心，在此基础上再分析两种选择的利弊，选择适合自己的选项，这样我们就能大大提高选择的正确性。做了决定之后，我们还要有一个理智的头脑和健康的心态，选择完成后不要后悔，好好珍惜已经拥有的。

开车与等公交车的细节

经常开车的人会对这条焦虑心理学体会颇深。的确，如果遇上堵车，你会发现旁边车道的车开得比自己的车道快，然后忍不住并过去了，心想变道后肯定能快些。但焦虑心理学会让你事与愿违，你会发现原先车道的车速变得又比这边快了。于是你又想变不变道，当你真的又变道的时候，相同的事情又发生了，到最后，你会发现，大多数时候是差不多快，甚至更慢。这还是小事，如果变道没注意后面的车，很容易引来谩骂，进而发生争执；或别人故意不让硬插进来，造成事故，干脆没法走了。

其实开车和买股票一样，频繁地切换，常常不能让自己增加收益，更大的可能是会给人带来损失。

专门制造环球定位系统的 Tom 公司 2013 年做了一项调查，调查显示，司机变道不但不会为他们节省时间，反而会令他们的通勤时间增加。这项调查指出，变道的方法最多的时候会增加他们一半的通勤时间。所以，我们都多点耐心吧！

乘坐公交车出行，绿色环保又实惠，虽说没有自己开车快捷、舒适，至少可以少操心、少花钱。但等公交车真是一件劳心又劳力的事情，相信经常坐公交车的人都被焦虑先生捉弄过，如：你赶到公交车站，先来的总是别的公交车，而且连续不断一再逗留，而真正想坐的，却怎样也等不到，你越是急，你需要的那班公交车就越是不来；总是晚点的公交，偏偏在你晚来的时候准点到来。当然，假如哪天你换坐另一路车，姗姗来迟的又换成了你现在要坐的车。关于公交车的焦虑心理学还在继续。

如果要去的目的地不远，时间也不紧迫，等了好久的公交车都没来，你就会失去耐心，心想等这么久的，走路都能到了。于是你放弃了等待，边走边回头，直到失望地专心走路时，你会突然发现，你等的那路公交车从你身旁呼啸而过，而且还可能是好几辆，而你正处于两站的中间地带，无论怎样都赶不上了。或者，你左等右等的车不来，于是去了一趟公厕，等你回来时，你曾苦苦等待的那班公交车刚好驶离了公交站。

乘公交的时候自己越着急越堵车。如果你要去的地方很远，又很赶时间，漫长而焦急的等待使你决定破费一次找辆出租车，但此时你会发现，街上所有的出租车不是有客就是对你视而不见。你很苦恼，为什么平时不需要出租车的时候有那么多空车在周围晃悠？有的出租车司机还死乞白赖地游说你上车，现在那些该死的出租车都跑哪去了？后来，你好不容易拦了一辆出租车，刚上去没开多远，公交车缓缓在后面驶来。

这一切看上去是不是像是一场居心叵测的恶作剧？其实不是那么回事。一个站停靠多路车，别的车先来、多来都是大概率事件，不耐烦使我们对时间的感受也出现偏差，而这种感受则在无形中加深了记忆。反之，很顺溜地上车，反倒记不住了。提早出门，老实等车，多点耐心，也就没那么多抱怨了。

等人等得不耐烦，去一趟洗手间，那家伙没准就到了，等人是一件很容易让人不耐烦的事，特别是你一向守时而你等的那个人却迟到，你会更不耐烦。你会时而看表，时而张望，随着时间一分钟一分钟地过去，你“怒从心头起，恶向胆边生”，心头不断浮现你的“守时守信”标准，还想起一堆大道理。如果你等一个迟到的人等得不耐烦时，就到洗手间方便一下，那家伙准会趁这段时间到达。

但是，有些人我们非等不可，你也不能与每个迟到的朋友或客户决裂。在现代社会，迟到是在所难免的，即使你觉得自己总是守时，那也只是你自己的感觉罢了，如果你找不到自己迟到的事件，别人一定能帮你找到。

等别人时，会觉得时间很长，有时还会觉得对方不可原谅，但被等的人却常常不这么觉得。如果你好不容易等来了人，却面带怒容，或者忍不住说教一番，这次约见被搞砸是可以预见的。

所以，我们最好听从这条焦虑心理学的建议，不要把自己看得太重要了，耐心一点，转移一下注意力，去一趟卫生间，或者看看书，玩玩手机什么的，那家伙说不定就到了。

捷径才是最长的距离

生活中我们会发现，很多事情出错总是在一瞬间，并造成很大的危害；而要想消除这种危害使情况好转，却需要费很大的力气，而且需要很长时间。

其实，这种焦虑心理学是人们的错觉。实际上很多错误并非突然来的，而是在不好的习惯日积月累下才有了出错的基础。

我国有句俗话："病来如山倒，病去如抽丝。"其含义与这条焦虑心理学不谋而合。

人的身体由强变弱，直到生病，是一个缓慢的渐进的过程，但是这个过程中人是不自知的。人的体质在不良的生活方式的作用下逐渐向坏的方向发展，当人感受到身体的异样，被确诊为病变时，身体状况往往已经发展到相当差的程度，而且仍然处于加速恶化的过程当中。而人在时间感知上，好像不久前自我感觉"依然良好"，而得出"病来如山倒"的结论。

由于病变是在一个相对较长的时段内，一个作用趋势持续作用积累的结果，所以医治的过程也不会“立竿见影”，必须查明病因对症施治，使原来的趋势向完全相反的方向发展。

问题积累时熟视无睹，爆发时却异常惊诧。直至停止发展，巩固之后使身体向好的方向发展的过程；要恢复“健康”的状态，还要配合饮食、锻炼等措施，也是一个渐进的过程，所以人们的感觉是“病去如抽丝”

可以看出，无论是病来、病去，还是出错、好转，都是两个方向相反的作用产生的趋势发展的过程，都是连续的渐进的过程。

所以，我们平时要防患于未然，避免出错和“病来”；如果我们已经有了坏习惯或疾病，则必须长久地、锲而不舍地努力，循序渐进地消除。

“两点之间直线最短”是几何学的公理。然而在现实中，从自己这个点，到目标那个点，绝大多数情况下无法直线到达。所以焦虑心理学提醒大家，如果总想着抄近路、走捷径，不仅难以快速到达，反而要花更多的时间。

几个朋友一起去山上游玩，下山的时候，面前出现一条羊肠小道，像是山民常走的捷径。大家很高兴，决定沿此道尽快下山，远远地就看到山下的停车场，果然是条捷径！

正当大家庆幸时，眼前出现一道断崖，而捷径在此一拐，伸向远方的一座小山村，大家一筹莫展只得先向山村方向走，中途再踏上另一条小道，曲曲弯弯地。没想到后来迷了路，被困在峭壁悬崖边无法下山，最后只得报警。

当救助人员赶到现场时，他们已经被困六个小时，冻得抱在一起发抖。等他们被领到停车场的时候，已是凌晨——他们本来在太阳落山前就可以走到停车场的。

人总是想走捷径，即使吃了亏都很难彻底改变。这是人类的惰性和自作聪明使然。特别是如今这个讲效益、讲速度的时代，社会的发展和变化可以说是日新月异、一日千里，人们比以往任何时候都更想快速达到目的。

比如，汽车的普及已为人们节省了大量时间，但有些人并不满足，还想着抄近路、走小路省点时间，结果常常在陌生的地方迷路，绕来绕去走了许多冤枉路。

有人可能会说，我有导航，怎么会迷路？没错，导航大约能确保你不迷路，但无法保证你不堵车，更不能保证你不遇到事故。在小路上遇到堵塞和交通事故的概率很高，往往会花费更多的时间。使所抄的近路变成两点之间最长的距离。

不仅是走路和开车，很多人在追求理想的过程中也总想抄近路、挣快钱。巴尔扎克的小说《幻灭》的主人公吕西安就是这类人。吕西安聪明，有才华，但是自私、虚荣，野心很大而又意志薄弱，总想抄近路一步登天，没有毅力在真学问上下功夫，最终经不起浮华世界的引诱走向了堕落。

当然，找捷径不是不可以，但要对该事物或目前所要解决的问题，有一个全面的分析，否则，盲目地走捷径，反而会踏上弯路。

有时间时没钱，有钱时没时间

随着年龄的增长，人们会感到时间过得越来越快，和孩提时代相比，一年的时间，还没怎么样就没有了，甚至觉得三年五年都在眨眼间过去了。

这种焦虑心理学是怎样发生的？有什么科学的解释吗？当前，科学家们对此有三种理论：

第一种理论是从人的生理变化上来解释。随着人年纪的增长，人的大脑时钟渐渐放慢了，感觉时间过得快。

第二种理论是从时间在人的一生中所占的比例上来解释。对 5 岁的孩子来说，1 年就已经是生命长度的 1 / 5，而当你 50 岁时，一年就是你生命的 1 / 50，年龄越大，一年的相对时间感就会越短。

第三种理论是从“记忆次数”解释的。美国本土第一位心理学家威廉·詹姆斯称，人们用“第一次”来衡量时间，例如初吻、第一天上学等，但成年后这些初体验越来越少，生活变得平淡无奇，日子过得越来越空洞。

日本心理学家扩展了詹姆斯的理论，认为人们用一段时间内记得的事情数量来衡量时间流逝的速度。在童年时代，我们对所有的事情都感到新奇，大脑频频发出“记忆”指令，所以我们小时候就总是感觉时间过得很慢。而等我们长大以后，特别是老了的时候，什么事情都经历过了，生活中缺少新鲜事物，所以感觉时间过得特别快。

旅游是一种行走的快乐，它让人们告别了枯燥乏味的生活，在全新的环境，全新的状态中放松自己，感受快乐。

但旅游也是一种奢侈的享受，它需要钱，也需要时间。而如焦虑心理学所说“有钱没时间，有时间没钱”也是这个世界一个诡异的怪圈。

对大多数人来说，都是这样的，仿佛鱼和熊掌，总是难以兼得。而当钱与时间同时拥有的时候，我们可能韶华已逝，青春不再。

如果以时间与金钱的拥有状况进行区分，人生大体可以分为四个阶段：没钱有时间、没钱没时间、有钱没时间、有钱有时间但是已经老了。当然，这里讲的是普遍规律，而不包含特例。这世间原本就没有十全十美，四个阶段都有不足和缺憾。也许，这才是人生的真实。

当然，如果特别想旅游，想到一定程度，钱和时间就都不是问题了，钱少可以和朋友自助游，选择不要钱的地方去踏青；时间不够的时候可以选择近一点的地方，带上自己的爱人、孩子、父母，度过一个愉快的假期。问题是，在大多数人的心目中，旅游并没有重要到那种程度。